Gemüse
biologisch anbauen

JOACHIM MAYER

Inhalt

4 Anbau-Praxis

26 Gemüse-Porträts

Extras

Anbau-Praxis

Biologisches Gärtnern ist die ideale Methode für Gesundheits- und Umweltbewusste – und für wahre Genießer. Wenn Sie Ihr Gemüse auf diese Weise anbauen, können Sie sich auf eine garantiert frische, gesunde Ernte freuen, die ausgesprochen gut und aromatisch schmeckt.

Gärtnern mit Lust und Laune

Für den Bio-Anbau gibt es viele gute Gründe: Respekt vor Natur und Umwelt, Nachhaltigkeit und gesundes Erntegut ohne giftige Rückstände. Hinzu kommt, was sich unter Köchen und Gourmets herumgesprochen hat: Biologisch angebautes Gemüse schmeckt oft besonders aromatisch und »unverwässert«, weil bei dieser Anbauweise Qualität wichtiger ist als schnelle Höchsterträge.

Die Natur als Partner

Biologisch, ökologisch, naturnah, alternativ oder einfach »bio«: Es gibt viele Bezeichnungen und unterschiedliche Methoden für den umweltgerechten Anbau von Nutz- und Zierpflanzen. Doch allen ist gemeinsam, dass sie auf chemische Pflanzenschutzmittel und synthetische Dünger verzichten und nur umweltschonende Hilfsstoffe zum Einsatz kommen. »Gärtnern im Einklang mit der Natur« heißt die Devise. Das gelingt jedem, der sich etwas Zeit nimmt, um sich mit den natürlichen Zusammenhängen im Garten zu beschäftigen.

Lebendige Vielfalt

Zugegeben: Biologisches Gärtnern verlangt ein wenig mehr Aufwand als der herkömmliche Anbau, aber auf längere Sicht erspart es auch viel unnötige Arbeit. Wichtig für den Erfolg ist eine abwechslungsreiche Beetnutzung und Bepflanzung. Das gilt auch für das Umfeld des Gemüsegartens – denn eine naturnahe Pflanzenvielfalt lockt Vögel, nützliche Insekten und andere Kleintiere an, die Schädlinge im Zaum halten.
Besondere Beachtung genießt im Bio-Anbau der Boden: Wenn Sie ihn in gutem Zustand halten und pflegen, wird er dauerhaft zu einer fruchtbaren Grundlage für reiche, schmackhafte Ernten.

Den Gemüsegarten richtig planen

Im Gemüsegarten gibt es vom Frühjahr bis in den Herbst fast täglich etwas zu tun – und zu ernten. Deshalb ist es ideal, wenn er nah am Haus platziert werden kann oder zumindest über einen befestigten Weg bequem zu erreichen ist.

Ein Platz an der Sonne

Wählen Sie für Ihre Gemüsebeete einen möglichst sonnigen Platz. Hier wachsen und reifen die meisten Arten am besten, besonders Fruchtgemüse. Manche Gemüsearten vertragen auch halbschattige Lagen (→ Porträts, Seite 26–57). Fast alle gedeihen noch zufriedenstellend, wenn sie mindestens einen halben Tag lang direkte Sonne bekommen, vorzugsweise die intensivere Nachmittagssonne. Vorteilhaft sind Plätze, die geschützt liegen und nicht von Frösten oder kalten und austrocknenden Winden geplagt sind, etwa in der Umgebung von Hecken oder Hauswänden. Meiden Sie aber stark

umschlossene Bereiche, an denen überhaupt kein Lüftchen weht und sich im Sommer die Hitze staut: Solche Verhältnisse fördern das Auftreten von Pilzkrankheiten und Schädlingen.

Beete anlegen

Bewährt haben sich Beete mit einer praktischen Arbeitsbreite von 1,2 m und 1,5–2,5 m Länge. Zwischen den Beeten genügen 30–40 cm schmale Pflegepfade, bedeckt mit Rindenmulch oder Trittrosten aus Metall, Holz oder Kunststoff.
Sie können aber auch ganz auf die Beeteinteilung verzichten, wenn Sie vielfältige Mischkulturen anbauen möchten. Dann werden die Gemüse über die gesamte Fläche in parallelen, abwechselnden Reihen mit 30–60 cm Abstand gesät oder gepflanzt. Nutzen Sie in diesem Fall die Reihenzwischenräume als Pflegepfade.
Der Gemüsegarten sollte nach Möglichkeit mit wenigstens einer Wasserzapfstelle ausgestattet werden, optimal in Verbindung mit Regenwassertonnen oder -tanks. Am besten lässt es sich zudem arbeiten, wenn auf größeren Flächen ein wenigstens 90 cm breiter, befestigter Hauptweg angelegt wird. Kompostplatz und Geräteschuppen sollten möglichst bequem erreichbar sein. Gut ist es natürlich, wenn sich auch noch Platz für ein Frühbeet oder sogar für ein kleines Gewächshaus findet. Wer sich nicht gerne hinabbückt, kann auch Hochbeete anlegen. Sie sind leichter zu pflegen.

Schon ein kleines Frühbeet erweitert die Möglichkeiten, Gemüse vorzuziehen und anzubauen.

Fruchtbarer Boden: die wichtigste Grundlage

Ob die Pflanzen gut wachsen und gesund bleiben, hängt stark vom Boden ab: Ist er fruchtbar und durchlässig, können sich die Wurzeln bestens verankern und entwickeln. Im Idealfall speichert er Wasser und Nährstoffe so, dass er beides nach Bedarf abgeben kann.

Krume und Bodenarten

Pflanzen breiten ihre Wurzeln hauptsächlich im durch Humus dunkel gefärbten Oberboden aus. Diese, auch Krume genannte, Schicht reicht meist 20–30 cm tief, in guten Böden auch über 50 cm. Die Krume besteht zu einem Großteil aus mineralischen Körnchen, deren Größe die Bodenart bestimmt. Dabei werden Sand (grobe Körnchen), Schluff (mittelgroße Körnchen) und Ton (feine Körnchen) unterschieden. Lehm wird oft fälschlicherweise mit Ton verwechselt. Er ist aber ein Gemenge, das sich zu etwa gleich großen Anteilen aus Sand, Schluff und Ton zusammensetzt.

Durch die Mischung verschiedener Korngrößen sind Lehmböden für den Anbau von Gemüse gut geeignet. Auch Böden mit hohem Anteil an Schluff haben eine recht gute Struktur. Tonböden dagegen lassen in den engen Poren zwischen ihren feinen Teilchen nur wenig Luft durch. Sie neigen zum Verdichten, sind häufig nass, geben Wasser und Nährstoffe oft nur unzureichend an die Wurzeln ab. Zudem gelten sie als schwer, weil sie schlecht zu bearbeiten sind. Sandböden sind zwar leicht zu bearbeiten und gut durchlüftet, speichern jedoch Wasser und Nährstoffe nur kurz. Außerdem erwärmen sie sich rasch und kühlen ebenso schnell wieder aus.

Gesunder Boden voller Leben

Der Lebensraum für die Wurzeln ist nicht nur eine Ansammlung von Mineralkörnchen: In ihm leben unzählige Kleintiere und Mikroorganismen, von Regenwürmern über Hundertfüßer und Springschwänzen bis hin zu Bakterien und Strahlenpilzen. Schon eine Handvoll fruchtbaren Bodens enthält Milliarden von Lebewesen! Im biologischen Anbau schätzt und pflegt man sie als »lebendiges Kapital«. Denn sie lockern und durchmischen den Boden, räumen organische Reste auf, zersetzen sie und bauen sie zu Humus um. In einem vielfältig belebten Boden können sich zudem Schaderreger nur wenig ausbreiten, da sie durch andere Bodenlebewesen eingedämmt und unterdrückt werden.

In einer Handvoll fruchtbaren Bodens wimmelt es an winzigen, äußerst nützlichen Lebewesen.

Humus – ein wertvolles Gut

Wenn die Bodenlebewesen organische Reste abbauen, verarbeiten sie die leicht zersetzbaren Anteile zu Nährhumus. Seine Nährstoffe sind für die Pflanzenwurzeln schnell verfügbar. Langsam abbaubare Stoffe, z. B. Zellulose und Lignin, werden dagegen in Dauerhumus verwandelt. Dieser sorgt für eine stabile und zugleich luftige Bodenstruktur und verbessert die Wasser- und Nährstoffspeicherung sowie den Wärmeausgleich im Boden. Dabei ist Humus wie eine gute Würze: Schon ein Anteil von 2–3 %, bei Tonböden bis 5 %, genügt für einen fruchtbaren Boden. Auch Dauerhumus wird im Lauf der Zeit stärker zersetzt, zudem teils in tiefere Schichten gespült. Deshalb wird

immer wieder Nachschub nötig, zum Beispiel durch Kompostgaben (→ Seite 10–11).

Säuregrad und pH-Wert

Vom Säuregrad des Bodens hängt vor allem ab, wie gut die Pflanzen lebenswichtige Nährstoffe aufnehmen können. Zudem beeinflusst er die Bodenlebewesen. Seine Maßzahl ist der pH-Wert. Er reicht von 0 (extrem sauer) bis 14 (extrem alkalisch). Die meisten Gemüse gedeihen am besten bei pH-Werten zwischen 6 und 7, also im schwach sauren bis neutralen Bereich. Bei zu sauren Böden kann der pH-Wert allmählich durch langsam wirkende Kalkdünger wie kohlensaurer Kalk, Algen- oder Dolomitkalk angehoben werden. Ein zu alkalischer (basischer) Boden mit hohem Kalkgehalt lässt sich mit Nadelkompost, torffreier Rhododendronerde und Rindenhumus etwas »ansäuern«. Verzichten Sie aber auf Torf: Dessen großflächiger Abbau hat schon so manche Moorlandschaften zerstört.

Den Boden verbessern

Schwere Tonböden können Sie durch Einarbeiten von reichlich Sand, feinem Kies oder Splitt auflockern. Meist sind solche Böden leicht sauer und lassen sich dann zusätzlich durch Kalkgaben verbessern. Bei Sandböden hilft das Untermischen von Tonmineralmehlen wie Bentonit: Sie sorgen für besseres Speichern von Wasser und Nährstoffen. Humusdünger wie Kompost und Rindenhumus fördern bei allen Böden günstige Eigenschaften und Fruchtbarkeit. Bringen Sie zum grundsätzlichen Ver-

Mit einer Grabegabel lässt sich der Boden schonend, aber gründlich lockern. Stechen Sie die Zinken tief ein und rütteln Sie dann kräftig hin und her.

bessern je nach Zustand des Bodens 10–50 Liter Kompost je m² aus, am besten im zeitigen Frühjahr, und arbeiten Sie ihn oberflächlich ein, höchstens 10 cm tief. Günstig für alle Böden ist außerdem das Untermischen von Gesteinsmehlen und Algenpräparaten in kleineren Mengen. Besonders bei schwierigen Böden empfiehlt sich das Säen von Gründüngungspflanzen wie Lupinen, Wicken und Ölrettich, die mit ihren Wurzeln den Boden aufschließen. Nach dem Abmähen oder Abfrieren reichern ihre Reste die Beete mit Nährstoffen an. Daneben hat sich das Pflanzen von Kartoffeln zum Lockern von Böden bewährt.

Lockern: gründlich, aber schonend

Auch wenn die Bodenorganismen schon kräftig mithelfen, sollten Sie den Boden einmal pro Jahr tiefgründig lockern. Der beste Zeitpunkt dafür ist im Spätjahr, nach dem Abernten der letzten Beete, oder im zeitigen Frühjahr, wenn der Boden nicht allzu feucht ist. In den ersten Jahren empfiehlt es sich, den Boden im Herbst mit dem Spaten umzugraben. Dann kann der Frost die Schollen über den Winter zerkrümeln – wenn nicht, werden sie im Frühjahr mit der Hacke gründlich zerkleinert. Mit der Zeit und bei guter Bodenpflege können Sie zunehmend auf diesen starken Eingriff verzichten. Denn durch das Wenden der Schollen werden die Bodenlebewesen immer wieder stark in Mitleidenschaft gezogen. Zum schonenden, aber effektiven Lockern genügt dann eine Grabegabel, die Sie in Abständen von 10 cm in den Boden stechen und kräftig hin- und herrütteln. Ergänzend dazu können Sie einen Sauzahn, ein Gerät mit kräftigem, gebogenem Zinken, in diagonalen Reihen über die Fläche ziehen. Bereits recht lockere Böden können Sie auch mit einer Gartenkralle bearbeiten. Nach einer

Mit einem Test-Set aus dem Fachhandel können Sie den Säuregrad (pH-Wert) Ihres Bodens überprüfen und so den Kalkbedarf ermitteln.

schonenden Bearbeitung bringen Sie am besten gleich eine dünne Mulchschicht, z. B. aus Laub, aus. Ist der Boden schwer und verdichtet oder stark mit Schnecken oder Wildkräutern durchsetzt, hilft allerdings oft nur das Umgraben.

Den Boden **genau kennenlernen**

BODENANALYSE Eine professionelle Bodenuntersuchung ist besonders vor der Neuanlage eines Gemüsegartens empfehlenswert, später dann alle vier Jahre. So erhalten Sie Kenntnis über Bodenart, pH-Wert und Nährstoffgehalte. Auch der Humusgehalt kann ermittelt werden. Anbieter finden Sie über Landwirtschaftskammern, Branchenbuch und Gärtnereien (→ Seite 62).

Düngen – Nährstoffe für gutes Wachstum

Zum Wachsen und Gedeihen benötigen Pflanzen mineralische Nährstoffe, die sie aus dem Boden aufnehmen. Dessen Vorräte werden durch die Ernte und das Entfernen der Pflanzenreste, teils auch durch Auswaschung, verringert. Im Bio-Anbau können Sie mit organischen Düngern und naturbelassenen Mineralien für Nachschub sorgen. Deren Nährstoffe werden durch Bodenorganismen langsam, aber nachhaltig für die Pflanzen aufgeschlossen.

Natürliche Dünger

Der wichtigste Dünger ist Kompost, der zudem Humus bildet und den Boden verbessert. Sie können ihn selbst herstellen, wenn Sie in einer leicht beschatteten Gartenecke einen Kompostplatz anlegen und beim Aufsetzen grobe und feine Garten- und Küchenabfälle gut durchmischen. Voll ausgereiften Kompost erkennen Sie daran, dass er feinkrümelig ist und angenehm nach Waldboden riecht.

Falls kein oder nicht genug eigener Kompost zur Verfügung steht, können Sie auch Fertigkompost kaufen – am besten mit dem RAL-Gütesiegel der Bundesgütegemeinschaft Kompost. Außerdem lässt sich Kompost durch organischen Volldünger aus dem Fachhandel ergänzen oder ersetzen. Er enthält viele wichtige Nährstoffe, z. B. Stickstoff, der für das Wachstum gebraucht wird. Auch Pferde- und anderer Stallmist hat höhere Nährstoffgehalte als Kompost, ist als Frischmist aber wenig pflanzenverträglich. Am besten wird er zuerst kompostiert. Ebenfalls gehaltvoll, aber milder und leichter zu verwenden ist abgepackter, vorkompostierter, getrockneter Rinderdung. Weitere Naturdünger mit hohem Stickstoffgehalt sind Hornspäne, Blutmehl sowie selbst angesetzte Brennnesseljauche (→ Seite 22–23). Beinwelljauche und Holzasche sind reich an Kali.

Wie viel brauchen die Pflanzen?

Nach ihrem Bedarf an Nährstoffen unterteilt man Gemüsearten in Stark-, Mittel- und Schwachzehrer. Bei einem grundsätzlich gut versorgten Gartenboden haben sich folgende Düngermengen bewährt:
❯ Starkzehrer: rund 3–5 Liter Kompost je m², dazu 50–150 g Hornspäne und 15–30 g Kali
❯ Mittelzehrer: rund 2–3 Liter Kompost je m², dazu 30–100 g Hornspäne und 5–20 g Kali je m²
❯ Schwachzehrer: höchstens 1–2 Liter Kompost, dazu höchstens 50 g Hornspäne und 5 g Kali je m².

Hornspäne werden bei feuchtem Boden eingearbeitet, z. B. mit einem Handgrubber.

Am Kompostplatz verwandeln sich Garten- und Küchenabfälle in wertvollen Humusdünger. Eine Kürbis-pflanze verschönert die Compostecke und spendet mit ihren großen Blättern Schatten. Solche Pflanzen sollten stets neben den Kompost gesetzt werden, nicht direkt darauf.

Welche Gemüse als Stark-, Mittel- oder Schwach-zehrer eingestuft werden, ist in den Porträts mit Symbolen gekennzeichnet (→ Seite 26–57). Bringen Sie gut ausgereiften Kompost zusammen mit Hornspänen erst kurz vor dem Säen oder Pflanzen aus und arbeiten Sie ihn nur oberflächlich mit Rechen, Grubber oder Kultivator ein. Größere Hornspanmengen verteilt man auf zwei bis drei Gaben im Abstand von einigen Wochen. Kali kann als Patentkali (Kalimagnesia) oder zusammen mit Gesteinsmehl gegeben werden. Ergänzend können

Sie alle zwei bis drei Jahre im Herbst etwas Algen- oder Dolomitkalk ausbringen. Darüber hinaus sollten Sie spezielle Kali-, Magnesium-, Kalk- und Phosphatdünger nur verwenden, wenn Sie durch eine Bodenuntersuchung wissen, dass ein Mangel besteht (→ Seite 9). Das gilt auch für Knochenmehl und Guano, die beide viel Phosphat enthalten. Mist eignet sich nur für Starkzehrer. Er wird am besten im Frühjahr, einige Wochen vor der Saat oder Pflanzung, ausgebracht — jedoch nicht vor Wurzelgemüse, mit Ausnahme von Kartoffeln.

Abwechslung im Beet

Baut man immer wieder das gleiche Gemüse an derselben Stelle an, gedeiht es zunehmend schlechter. Wenn Sie stattdessen regelmäßig den Platz für jede Art wechseln, beugen Sie Krankheiten und Schädlingen vor und vermeiden einen einseitigen Entzug der stets gleichen Nährstoffe.

Fruchtfolge

Die Fruchtfolge diente ursprünglich dem Zweck, eine Stallmistdüngung optimal zu nutzen. Dazu wird die Anbaufläche in drei Quartiere unterteilt: Das erste Quartier wird mit Mist gedüngt und mit Starkzehrern wie Kohl bepflanzt. Im folgenden Jahr reichen die Reserven noch für Mittelzehrer wie Porree. Dann wird das zweite Quartier mit Mist versorgt und so zur neuen Fläche für Starkzehrer. Im dritten Jahr wachsen im ersten Quartier noch Schwachzehrer wie Spinat, im zweiten die Mittelzehrer und im dritten, das jetzt frisch gedüngt wird, die Starkzehrer. So rotieren Jahr für Jahr die Quartiere für Stark-, Mittel- und Schwachzehrer.

Clevere **Beetnutzung**

Mit einer ausgeklügelten Kulturfolge können Sie von einer Fläche mehrmals pro Jahr ernten – ohne Nachteile, wenn Sie dabei den Fruchtwechsel beachten. Das beginnt z. B. mit Salat als Vorkultur, ab Mai gefolgt von Gurken als Hauptkultur. Zwischen die Reihen säen Sie Radieschen als kurzlebige Zwischenkultur. Nach der Gurkenernte ist noch eine Nachkultur, z. B. mit Spinat, möglich.

Für einen kleinen, mit Mischkultur vielfältig genutzten Gemüsegarten ist dieses Prinzip etwas starr. Schließlich ist man heute auch nicht mehr auf Mist angewiesen. Aber der Wechsel von Gemüsen mit unterschiedlichen Nährstoffansprüchen bleibt grundsätzlich empfehlenswert und lässt sich auch innerhalb desselben Beetstreifens oder derselben Reihe vorteilhaft umsetzen.

Fruchtwechsel

Die konsequente Weiterführung der Fruchtfolge ist der Fruchtwechsel: Hier wachsen auf derselben Fläche nicht nur verschiedene Arten nacheinander, – sie stammen auch aus verschiedenen Pflanzenfamilien. So können Sie vielen Schaderregern vorbeugen, die sich auf nah verwandte Gemüse spezialisiert haben. Kreuzblütengewächse wie Kohlarten und Rettich können z. B. von der Krankheit Kohlhernie befallen werden. Diese ist besonders gefürchtet, weil der Schadpilz lange im Boden überdauert. Deshalb sollten Sie Kreuzblütler nicht zweimal hintereinander auf derselben Fläche anbauen, besser nur alle 4 bis 5 Jahre. Auch bei Tomaten, die früher als selbstverträglich gepriesen wurden, mindert ein jährlicher Beetwechsel das Risiko von Krautfäule. Hier sollten auch keine mit der Tomate verwandten Nachtschattengewächse wie Kartoffeln und Paprika folgen.

Des Weiteren gibt es Arten und Familien, die aufgrund wuchshemmender Wurzelausscheidungen schlecht hintereinander gedeihen. Das gilt besonders für Doldenblütler wie Möhren und Sellerie, für Kürbisgewächse wie Gurken und Zucchini sowie für Erbsen und Zwiebeln.

IM 1. JAHR Eine Anbaufolge, die zugleich Fruchtfolge und Fruchtwechsel berücksichtigt, kann z. B. mit Tomaten beginnen: als Starkzehrer in einem gut mit Kompost und Hornspänen versorgten Beet. Für schnellwüchsige Zwischenkulturen lassen sich zwischen den Reihen Radieschen oder Pflücksalat einsetzen, als längerfristige Mischkulturpartner z. B. Kohlrabi, Rettich oder Eissalat. Eine andere Möglichkeit wäre Kopf- oder Blumenkohl in Mischkultur mit Kartoffeln. Beides sind Starkzehrer.

IM 2. JAHR Nachdem das Beet mit Kompost nachversorgt wurde, sind nun Mittelzehrer an der Reihe. Bewährt hat sich eine Mischkultur aus Möhren und Zwiebeln. Beide gehören zu anderen Familien als die Tomate und weitere im 1. Jahr genannten Gemüse. Alternativ können Sie Porree mit Möhren, Mangold oder Roter Bete als Mischkultur anbauen bzw. Möhre mit Mangold oder Roter Bete. Wurde im Vorjahr nicht die »Kohl-Variante« gewählt, passt auch Kohlrabi mit Endivie oder Radicchio.

IM 3. JAHR Jetzt bieten sich z. B. Buschbohnen an. Wie alle Schmetterlingsblütler vermögen sie mithilfe von Knöllchenbakterien in ihren Wurzeln Stickstoff aus der Luft zu binden. Als Dünger brauchen sie höchstens ein paar Handvoll Kompost.

Auf gute Nachbarschaft!

Jedes Gemüse für sich im eigenen Beet: Das mag die Pflege und Ernte ein wenig erleichtern – lädt aber Schaderreger geradezu ein, die sich auf bestimmte Arten spezialisiert haben. Nutzen Sie deshalb die Vorteile der Mischkultur! Nicht zuletzt sorgen unterschiedliche Gemüsearten auch für Abwechslung in der Küche.

Passende Partner

Bei der Mischkultur bauen Sie verschiedene Gemüse in Reihen oder abwechselnd innerhalb einer Reihe an. Das macht es Schädlingen schwerer, sich z. B. durch einen ganzen Salatbestand zu fressen. Zudem breiten sich Pilzkrankheiten nicht so leicht aus. Einige Pflanzen halten sogar Schaderreger von ihren Nachbarn fern. So kann der strenge Geruch von Tomaten und Sellerie ungeliebte Kohlweißlinge von den gesuchten Kohlköpfen ablenken. Manche Arten dämmen auch durch Duftstoffe und Wurzel-

ausscheidungen Schaderreger ein. Beispielsweise werden Möhren weniger von der Möhrenfliege befallen, wenn sie neben Zwiebeln und Porree wachsen. Umgekehrt halten Möhren die Zwiebelfliege fern.

Ausscheidungen der Wurzeln sind vermutlich auch eine der Ursachen dafür, dass manche Gemüse gut miteinander harmonieren, während sich andere gegenseitig beeinträchtigen. Über viele Jahre haben Gärtner beobachtet, welche Arten gut zueinander passen (→ Tabelle rechts). Dabei handelt es sich um Erfahrungswerte aus der Praxis. Die Einflüsse auf das Gedeihen von Pflanzen sind jedoch so vielfältig, dass man eventuell andere Beobachtungen macht. Probieren Sie es aus! Vielleicht finden Sie dabei noch weitere Kombinationen, die sehr gut miteinander auskommen.

Kräuter gegen Schädlinge

Die Mischkultur lässt sich prima mit Kräutern erweitern. Sie duften besonders intensiv, verwirren so die Schädlinge und halten sie vom Gemüse fern. Mehrjährige aromatische Kräuter wie Salbei, Thymian und Ysop eignen sich deshalb gut als Beeteinfassung. Bohnenkraut z. B. ist ein guter Begleiter für Bohnen und Zwiebeln, Basilikum dagegen passt gut zu Tomaten, Gurken, Kohlrabi und Mangold. Petersilie verträgt sich gut mit Kohl, Radieschen, Rettich und Zucchini; Schnittlauch mit Kohl und Möhren, und Kerbel passt zu Salat und Kohl.

Bewährte Mischkultur: Zwiebeln, Rote Bete und Möhren wachsen einträchtig nebeneinander.

Wer passt zu wem?

= gute Nachbarn   = schlechte Nachbarn   = keine Beeinflussung

Nachwuchs für das Gemüsebeet

Durch das Vorziehen können Sie vielen Pflanzen einen Wachstumsvorsprung verschaffen, was z. B. bei Tomaten unverzichtbar ist. Alternativ können Sie auch Pflanzen kaufen. Doch beim Kauf von Samen haben Sie eine größere Sortenauswahl. Außerdem ist es leichter, biologisches Saatgut zu finden als biologisch gezogene Jungpflanzen.

Starthilfe durch Vorziehen

Für das Vorziehen brauchen Sie einen hellen, aber nicht prall besonnten, warmen Platz, etwa auf einer Fensterbank. Bewährt haben sich dafür flache Anzuchtschalen mit transparenter Abdeckhaube, sogenannte Minigewächshäuser. Sehr wichtig für den Anzuchterfolg ist eine nährstoffarme, keimfreie Aussaat- oder Vermehrungserde. Solche Substrate werden auch auf torffreier Basis im Fachhandel angeboten. Wann gesät wird, hängt vom Gemüse ab; die Schritte bleiben gleich (→ Abb. rechts).

Direktsaat ins Beet

Sobald es im zeitigen Frühjahr nicht mehr zu nass ist, wird der Boden gründlich gelockert. Kurz vor dem Säen wird die Beetoberfläche vorbereitet und Kompost ausgebracht. Lockern Sie dazu die Erde mit Grubber, Kultivator oder Sternfräse und schließlich mit dem Rechen – bis eine ebene, feinkrümelige Oberfläche ohne Mulden entstanden ist.

Am besten säen Sie in parallelen, geraden Reihen. Mithilfe einer an zwei Pflöcken aufgespannten Richtschnur können Sie die Reihen leicht markieren und an der Schnur entlang die Rillen ziehen. Streuen oder legen Sie die Samen möglichst gleichmäßig verteilt in den Rillen aus, ziehen Sie dann mit dem Rechen von der Seite Erde darüber und drücken Sie diese etwas an. Für sehr feine Samen und Lichtkeimer dagegen gilt dasselbe wie beim Vorziehen (→ Abb. rechts). Gießen Sie zum Schluss gründlich mit feiner Brause an.

Nachdem die Sämlinge gut angewachsen sind, stehen sie oft zu dicht. Ziehen Sie dann vorzugsweise die schwächsten Pflänzchen heraus. Im Handel gibt es für manche Gemüsearten Saatbänder, die das Ausdünnen ersparen: Hier sind die Samen zwischen später verrottenden Spezialpapieren schon im nötigen Endabstand angebracht (→ Abb. links).

Richtig einpflanzen

Was das Vorbereiten der Beete und Reihen betrifft, können Sie beim Pflanzen genauso vorgehen wie

Mit Saatbändern können Sie ganze Reihen auf einen Streich und gleich im richtigen Abstand säen.

bei der Direktsaat. Sitzen die Jungpflanzen fest im Topf, lösen Sie die Wurzeln vorsichtig mit einem Messer von der Topfwand. Gekaufte Pflänzchen haben häufig auch quadratisch oder rundlich zusammengepresste Erdballen ohne Hülle. Lockern Sie diese Ballen behutsam auf und feuchten Sie sie gründlich an. Je nach Ballengröße brauchen Sie zum Einsetzen eine kleine Pflanzschaufel oder ein Pflanzholz. Die Wurzeln im Pflanzloch sollen bequem Platz haben. Für die meisten Pflanzen gilt: So tief setzen, dass die Ballenoberfläche genau auf Bodenniveau kommt. Auf Ausnahmen wird im Porträtteil hingewiesen (→ Seite 26–57). Drücken Sie nach dem Einsetzen den Boden rundum fest an und gießen Sie kräftig direkt in den Wurzelbereich, am besten mit einer Kanne ohne Brauseaufsatz.

1 AUSSÄEN Ebnen Sie die Erde im Gefäß und drücken Sie sie etwas an. Befüllen Sie das Gefäß nur bis etwa 1 cm unter den Rand, dann lässt es sich leichter gießen. Streuen Sie die Samen gleichmäßig und nicht zu dicht aus. Decken Sie sie dann in ein- bis zweifacher Samenstärke mit Erde ab. Sehr feine Samen und Lichtkeimer wie Kopfsalat und Sellerie werden nur leicht angedrückt und hauchdünn mit Erde überstreut.

2 FEUCHT HALTEN Feuchten Sie die Erde gut an und halten Sie auch danach die Saat stets feucht, aber nicht nass. Dabei hilft eine Abdeckhaube, Glasscheibe oder Folie über dem Gefäß, die vor Verdunstung schützt. Spitzen die ersten Keimlinge, wird die Abdeckung z. B. mit Holzklötzchen etwas hochgestemmt oder stundenweise abgenommen. Wenn die meisten Pflänzchen zu sehen sind, kann die Abdeckung ganz entfernt werden.

3 PIKIEREN Wird es den Sämlingen zu eng, ist es Zeit zum Pikieren: Sie kommen nun einzeln in kleine Töpfe mit Anzucht- oder Pikiererde. So erhalten sie mehr Platz und werden angeregt, neue Wurzeln auszubilden. Pikiert wird am besten, nachdem sich über den meist rundlichen Keimblättern die ersten arttypischen Laubblätter entfaltet haben. Stellen Sie die Sämlinge danach hell und ein paar Grad kühler auf und halten Sie sie mäßig feucht.

Gießen, Hacken, Mulchen

Pflanzen verzeihen so manches, aber auf Wassermangel reagieren sie schnell und deutlich – im schlimmsten Fall bis hin zum kompletten Welken, »Schießen« von Salat und Blattgemüse sowie dem Abwerfen der Früchte bei Fruchtgemüse.

Goldene Gießregeln

Ebenso verheerend wie mangelnde Wasserversorgung ist manchmal das Gegenteil: Ist der Boden stets nass, können Wurzeln, Knollen und Zwiebeln anfangen zu faulen. Zudem fördert übermäßiges Be- und Vernässen Pilzkrankheiten und Schnecken.

Um die Pflanzen optimal mit Wasser zu versorgen, haben sich folgende Gießregeln bewährt:

❯ Im Hochsommer nur morgens und abends gießen, nie in der prallen Mittagssonne.

❯ Am besten ohne Brauseaufsatz direkt in den Wurzelbereich, also neben die Pflanzenbasis gießen; die Blätter dabei möglichst wenig benetzen.

❯ Sämlinge und frisch gesetzte Jungpflanzen so gießen, dass die Bodenoberfläche leicht feucht, aber keinesfalls nass bleibt.

❯ Gut eingewachsene Pflanzen erst wieder gießen, nachdem die oberste Schicht abgetrocknet, der Boden darunter aber noch leicht feucht ist.

❯ Größere und blattreiche Pflanzen stets gründlich gießen, mit rund 10–20 Liter pro m². Zwischendurch das Wasser immer wieder ganz versickern lassen, damit keine Pfützen stehen bleiben.

Pflanzen vertragen das weiche, gut temperierte Regenwasser am besten. Wenn Sie es zum Gießen in Regentonnen und Tanks sammeln, reduzieren Sie zudem Ihren Wasserverbrauch. Lassen Sie nach längeren Trockenphasen das erste Regenwasser ablaufen, da sich auf den Dächern oft Ruß- und Schadstoffteilchen ansammeln. Leitungswasser dagegen bereitet vielerorts Probleme wegen seiner hohen Wasserhärte und des hohen Kalkgehalts. Bei sehr hartem Wasser kann sich der Einbau einer Enthärtungsanlage lohnen – nicht nur für die Pflanzen.

Ein handlicher Grubber oder Kultivator mit kurzem Stiel erleichtert das Lockern zwischen engen Reihen und direkt neben den Pflanzen.

Lockern und belüften

»Einmal hacken spart dreimal gießen«, besagt eine alte Gärtnerweisheit. Da ist viel dran, denn mit dem Lockern zwischen den Reihen zerstören Sie hauchfeine Kanälchen im Boden, sogenannte Kapillaren. Durch sie steigt Wasser nach oben und verdunstet. Außerdem gelangt durch das Aufreißen verhärteter Oberflächen wieder mehr Wasser und Luft in den Boden. Zum Lockern eignen sich Grubber, Kultivator oder eine schmale Bügelhacke; auf engem Raum und zwischen empfindlichen Sämlingen sind kurzstielige Geräte, etwa ein Handgrubber und -kultivator, sehr hilfreich.

Das Hacken beseitigt auch »Beikräuter«, bevor sie zu stark mit den Gemüsepflanzen konkurrieren. Entfernen Sie vor allem Problemunkräuter wie Quecke, Distel und Zaunwinde möglichst früh und komplett mitsamt Wurzeln. Bei tief wurzelnden Pflanzen leistet ein Unkrautstecher gute Dienste.

Mulchen – ein Segen

Sind die Pflanzen gut angewachsen, lässt sich das Hacken durch Mulchen ersparen. Darunter versteht man das Bedecken freier Bodenflächen mit organischen Materialien. Sie bewahren die Bodenoberfläche vor dem Verkrusten und Verschlämmen. Außerdem reduziert eine Mulchdecke die Verdunstung, hemmt Wildkrautaufwuchs, schützt die Wurzeln vor extremen Temperaturen und wird beim Zersetzen nach und nach in Humus umgewandelt. Eine Mulchschicht fördert zudem das Bodenleben. Allerdings kann sie auch Schnecken anlocken. Beginnen Sie deshalb mit dem Mulchen erst, nachdem die schneckengefährlichen, feuchten Frühjahrs- und Frühsommerwochen vorbei sind. Die Mulchschicht wird je nach Material 2–6 cm hoch ausgebracht.

Geeignete **Mulchmaterialien**

KOMPOST UND RINDENHUMUS Auch für Jungpflanzen verträgliche Materialien mit geringem Schneckenrisiko. Berücksichtigen Sie beim Düngen, dass beide bereits Nährstoffe enthalten.

RASENSCHNITT Für das Gemüsebeet gut geeignet. Zum Auflockern am besten mit etwas Gehölzhäcksel vermischen. Verrottet schnell und muss deshalb alle paar Wochen erneuert werden.

LAUB Abgefallenes, gesundes Herbstlaub von Bäumen eignet sich besonders als schützende Bodendecke für Herbst- und Wintergemüse.

STROH- UND GEHÖLZHÄCKSEL Als trockene Mulchmaterialien gut, um auf dem Boden aufliegende Früchte wie Gurken zu schützen. Erfordern Stickstoffausgleich mit Hornspänen.

MISCANTHUS-MULCH Mulch aus Chinaschilf gibt es im Handel. Er soll pflanzenverträglicher als Rindenmulch sein und sogar Schnecken abschrecken; bisher nur wenig Praxiserfahrungen.

RINDENMULCH Für Gemüse wenig geeignet, allenfalls für robuste und größere Pflanzen. Erfordert zusätzliche Gaben mit Hornspänen und Kalk.

Pflanzen stärken und schützen

Auch im Bio-Garten bleiben unerwünschte Mitesser nicht ganz aus, gerade am saftigen, nahrhaften Gemüse. Einen kleinen Tribut an die Natur kann man schon einmal in Kauf nehmen. Schließlich will man sein Gemüse keinesfalls mit giftigen Pflanzenschutzmitteln belasten.

Aber auch ohne solche bedenklichen Stoffe können Sie Ihre Ernte effektiv vor Schaderregern schützen. Dafür bietet der biologische Anbau viele Möglichkeiten und Wege. Sie wirken am besten, wenn Vorbeugung und verschiedene Abwehrmaßnahmen ineinandergreifen und Sie Ihre Pflanzen sowie den Boden stets gut pflegen.

Wie der Garten gesund bleibt

Mischkulturen, Fruchtwechsel, fruchtbarer, belebter Boden, bedarfsgerechte organische Düngung und das richtige Maß an Wasser: Das alles sind wichtige Säulen für ein robustes, gesundes Pflanzenwachstum. Sie tragen besonders solide, wenn der

Bunte Blütenvielfalt rund um den Gemüsegarten erfreut nicht nur das Auge: Die Blüten locken auch nützliche Insekten an. Sie und ihre stets hungrigen Larven helfen, Schädlinge im Zaum zu halten.

gesamte Garten vielfältig und naturnah angelegt sowie nach biologischen Prinzipien gepflegt wird. Das unterstützt auch nützliche Tiere, die Schädlinge auf natürliche Weise bekämpfen (→ Seite 24–25). Krankheiten an Gemüse werden durch die Wahl resistenter und toleranter Sorten (→ Seite 27) deutlich gemindert. Bei akuter Befallsgefahr, besonders durch Pilzkrankheiten, kräftigen Sie die Pflanzen durch Überstäuben mit Gesteinsmehl sowie mithilfe gekaufter Pflanzenstärkungsmittel. Ähnlich wirken Pflanzenauszüge, die man selbst herstellen kann (→ Seite 22–23).

Tipps gegen Schädlinge

Aussperren und Fangen sind altbewährte Methoden, um Plagegeister einzudämmen. Zu den besten Abwehrhilfen gegen Gemüsefliegen und andere Schädlinge gehören Kulturschutznetze, die frühzeitig über Saaten und Pflanzen ausgebreitet werden. Auch gute Schneckenzäune sind nützliche Barrieren. Schnecken lassen sich zudem in Bierfallen fangen, Maulwurfsgrillen mit in den Boden eingesenkten Dosen. Und gegen lästige Nager im Boden sind Wühlmausfallen das wirksamste Mittel. Manche Schädlinge können Sie auch anlocken und dann gezielt absammeln, so etwa Drahtwürmer, die zu im Beet verteilten Kartoffelstückchen oder Salatpflänzchen kommen. Eine gute Hilfe sind auch Blumen, die als Fang- und Abwehrpflanzen dienen (→ hintere Klappe).

Wichtig ist es, immer wieder einen prüfenden Blick auf die Pflanzen zu werfen, auch auf die Blattunterseiten. Wenn Sie Schädlinge, deren Larven und Eier früh entdecken, können Sie sie oft schon durch mehrmaliges Ablesen, Abstreifen oder kräftiges Abspritzen mit Wasser in den Griff bekommen. Ähnliches gilt, wenn Sie Blätter oder ganze Pflan-

BIERFALLE Solche Fallen werden ebenerdig eingegraben und gut zur Hälfte mit Bier gefüllt. Schnecken lassen sich vom Bierduft anlocken, fallen hinein und ertrinken.

SCHNECKENZAUN
Ein glattwandiger Zaun rund ums Beet macht den Schnecken den Zugang schwer. Er sollte oben eine abgewinkelte Kante haben und mindestens 10 cm hoch sein.

SCHUTZNETZ
Kulturschutznetze hindern Gemüsefliegen daran, ihre Eier an den Pflänzchen abzulegen, und schützen auch die Samen vor hungrigen Vögeln.

zen mit deutlichen Krankheitsanzeichen frühzeitig und konsequent entfernen. Eine große Rolle spielt zudem ausreichende Hygiene, um ausdauernden Schaderregern vorzubeugen: Beseitigen Sie alle Pflanzenreste nach einem Befall und säubern Sie Gartengeräte, Stützstangen und Anzuchtgefäße gründlich. Geben Sie erkrankte Pflanzen und Pflanzenteile besser nicht auf den Kompost, sondern in den Haus- bzw. Biomüll.

Natürliche Pflanzenschutzmittel

Manche Kräuter, Gemüse und Wildpflanzen enthalten Stoffe, die Schädlinge und Krankheiten effektiv eindämmen und abwehren. Dies macht man sich im biologischen Anbau zunutze, indem man Pflanzenauszüge herstellt und sie als natürliche Mittel zur Stärkung und zum Schutz der Pflanzen einsetzt. Die meisten der dafür benötigten Pflanzen finden Sie in Ihrem Garten. Andere wie z. B. Ackerschachtelhalm und Rainfarn können Sie auf Spaziergängen in der Natur sammeln. Teils werden sie auch in Kräuterläden, Drogerien und Apotheken angeboten. Fertig zubereitete Extrakte können Sie bei Versendern von Gartenbedarf kaufen (→ Service, Seite 62–63). In der Regel brauchen Sie zum Zubereiten jeweils 1000–1500 g frische Pflanzenteile oder 100–300 g getrocknete Teile pro 10 Liter Wasser. Für Spritztees genügen oft kleinere Wasser- und Krautmengen.

Man unterscheidet folgende Zubereitungsarten:

❯ Brühe: Pflanzenteile 24 Stunden in kaltem Wasser einweichen, dann 20 bis 30 Minuten bei geringer Hitze sieden lassen, nach dem Abkühlen durch ein Sieb gießen.

❯ Tee: Pflanzenteile mit kochendem Wasser übergießen, 10 bis 15 Minuten ziehen lassen, durch ein Sieb gießen. Nach dem Abkühlen verwendbar.

❯ Kaltwasserauszug: Pflanzenteile 1 bis 2 Tage in kaltes Wasser legen, anschließend absieben.

❯ Jauche: Pflanzenteile in einer Tonne ansetzen und mit Wasser übergießen. Die Tonne an einem sonnigen Platz unverschlossen aufstellen und täglich umrühren. Um den Geruch zu binden, geben Sie Gesteinsmehl zu, dann gären lassen. Wenn Bläschen und Schaum abklingen und die Pflanzenreste zu Boden sinken, ist die Jauche einsetzbar.

WERMUT Mit seinem hohen Gehalt an Bitterstoffen und ätherischen Ölen eignet sich Wermutkraut gut zum Vertreiben von Schädlingen.

RAINFARN Beim Rainfarn, der wild auf Wiesen und an Wegen wächst, sind die Wirkstoffe in den goldgelben Blüten konzentriert. Vorsicht, die Pflanze ist in allen Teilen giftig!

ACKERSCHACHTELHALM Das Kraut enthält viel Kieselsäure und Mineralstoffe. In Brühen und Jauchen stärken sie die Gemüsepflanzen.

Beachten Sie, dass die Zubereitung vor dem Anwenden häufig mit Wasser verdünnt werden muss – beim Ackerschachtelhalm z. B. ein Teil Brühe auf fünf Teile Wasser (→ Tipp rechts).

Pflanzenauszüge anwenden

Gegen Schädlinge und Krankheiten werden die meisten Pflanzenmittel gespritzt – vorbeugend alle ein bis zwei Wochen. Ist die Pflanze schon befallen, sollten Sie sofort spritzen und dann mehrmals im Abstand von wenigen Tagen. Zum Spritzen kann als Haftmittel etwas Schmierseife (nur reine Kaliseife) hinzugefügt werden. Wenn Sie mit Brennnessel- und Beinwelljauche düngen möchten, gießen Sie die Flüssigkeit mit einer Kanne aus.

Pflanzenschutzmittel im Handel

Der Fachhandel bietet heute eine Reihe guter Pflanzenschutzmittel auf natürlicher Basis an. Dazu zählen Schädlingsbekämpfungsmittel mit Neem (Azadirachtin), Kaliseife und Rapsöl. Bewährt hat sich auch Quassia: Das sind Blätter oder Holzstücke eines tropischen Baums. Sie gelten als ökologisch unbedenklich und werden zu einem Pulver verarbeitet, aus dem sich wirksame Brühen gegen Schädlinge herstellen lassen. Umweltschonend sind außerdem Schneckenköder mit dem Wirkstoff Eisen-III-Phosphat sowie biologische Nematodenpräparate gegen Dickmaulrüsslerlarven und andere Bodenschädlinge. Nicht ganz so empfehlenswert sind Schädlingsmittel mit dem Chrysanthemenextrakt Pyrethrum oder mit Mineralöl sowie Pilzbekämpfungsmittel mit Schwefel; denn sie erfassen auch mehrere Nützlinge. Beachten Sie bei der Auswahl und Verwendung genau die zugelassenen Anwendungsbereiche sowie die Anwendungs-, Dosierungs- und Sicherheitshinweise des Herstellers.

Pflanzenmittel selbst hergestellt

ACKERSCHACHTELHALM Eine Brühe oder Jauche aus diesem Kraut wehrt Pilzkrankheiten, Spinnmilben und Lauchmotten ab (1:5 verdünnt).

BEINWELL Zu einer Jauche verarbeitet, kann das mehrjährige Heilkraut zum Düngen von Gemüsepflanzen eingesetzt werden (1:10 verdünnt).

BRENNNESSEL Ein Kaltwasserauszug hilft gegen Blattläuse und Weiße Fliege (unverdünnt); mit der Jauche wird gedüngt (1:10 verdünnt).

KAMILLE Aus den Blüten der heimischen Heilpflanze lässt sich ein Kaltwasserauszug zur Fäulnishemmung und allgemeinen Pflanzenstärkung herstellen (1:5 verdünnt).

KNOBLAUCH Ein Tee aus den Zehen schützt vor Spinnmilben (1:7 verdünnt) sowie vor Pilz- und Bakterienkrankheiten (unverdünnt).

RAINFARN Aus seinen gelben Blüten werden Brühen, Tees oder Jauchen hergestellt, die (unverdünnt) gegen Schädlinge, Mehltau und Rost wirken.

SCHAFGARBE Ihre Blüten helfen als Kaltwasserauszug gegen Pilzkrankheiten (1:10 verdünnt).

TOMATE Das Kraut, verarbeitet zu einem Kaltwasserauszug, hält (unverdünnt) Kohlweißling und andere Insekten fern.

WERMUT Das Kraut mit Blüten, zubereitet als Brühe oder Tee, bekämpft (unverdünnt) Blattläuse und als Jauche (unverdünnt) Ameisen, Raupen, Läuse.

ZWIEBEL Die Schalen, zu einer Jauche verarbeitet, sind ein Mittel gegen Pilzkrankheiten (1:10 verdünnt) und Möhrenfliege (1:20 verdünnt).

Nützlinge: fleißige Helfer

In einem belebten Garten sind unzählige, oft kleine Tiere unterwegs, die ständig Hunger auf Insekten, Milben, Würmer oder Schnecken haben. So können die als Nützlinge geschätzten Tiere der Ausbreitung von Plagegeistern vorbeugen und diese selbst nach einer wetterbedingten Massenvermehrung wieder auf ein erträgliches Maß reduzieren.

Marienkäfer, Florfliegen, Schwebfliegen, Schlupf-wespen, Ohrwürmer, Raupenfliegen, Raubwanzen, Raubmilben, Igel, Spitzmäuse, Vögel, Fledermäuse, Kröten, Frösche, Eidechsen, Blindschleichen sowie nicht immer beliebte Tiere wie Spinnen und Maul-würfe: Sie alle gehören zur hilfsbereiten Heerschar der Nützlinge, die Schaderregern das Leben schwer machen (→ vordere Klappe). Mit einem einladenden Angebot an ruhigen Unterschlupfmöglichkeiten, Überwinterungs- und Nistplätzen können Sie die fleißigen Helfer in Ihren Garten holen und fördern.

1 Nisthilfen und Winterquartiere für Insekten

Nicht nur Vögel und Fledermäuse danken artge-rechte Nisthilfen und -kästen: Auch Insekten wissen das zu schätzen. Dazu zählen z. B. Holzblöcke mit Bohrlöchern, gelochte Ziegel, gebündelte Schilf-rohre und dünne Hölzer. Florfliegen lassen sich von kräftigem Rot anlocken. So nehmen sie häufig rot gestrichene Kästen mit schmalen Schlitzen als Winterquartiere an, wenn Sie solche im Herbst in 1,5–2 m Höhe aufhängen.

Die Nist- und Überwinterwinterungshilfen lassen sich auch in einem überdachten Häuschen oder »Insektenhotel« vereinen. Die Einflugschneise sollte an einer windgeschützten Stelle sein.

2 Wilde Winkel

Eine abgelegene Ecke, in der etwas Wildwuchs geduldet wird: Das bietet nützlichen Insekten und anderen Kleintieren einen Rückzugsort und ergänzt das Nahrungsangebot. Kommt noch aufgestapelter Gehölzschnitt dazu, können manche Tiere hier auch überwintern – z. B. Igel und Spitzmäuse.

3 Stein- und Geröllhaufen

Ein Steinhaufen an einer sonnigen, ruhigen Stelle kann zum wahren Nützlingsparadies werden. In den Hohlräumen und Ritzen finden beispielsweise Eidechsen, Blindschleichen, Igel, Spitzmäuse, Kröten, Laufkäfer und Spinnen eine Unterkunft.

4 Bunte Blumenvielfalt

Bei den Insekten sind es häufig die Larven, die Schädlinge fressen oder parasitieren. Erwachsene Tiere dagegen, z. B. Schwebfliegen und Schlupf-wespen, ernähren sich oft von Pollen und Nektar. Deshalb schätzen sie, ebenso wie Bienen und Hummeln, eine reiche Blumenfülle; vorzugsweise mit Wildblumen und -stauden, deren einfache, ungefüllte Blüten für sie leicht zugänglich sind.

5 Ein Topf für Ohrwürmer

Ohrwürmer verbringen die Dämmerung und Nacht mit der Jagd auf Blattläuse, kleine Raupen und Spinnmilben. Tagsüber verbergen sie sich in dunk-len Verstecken – gern auch in Tontöpfen, die mit der Öffnung nach unten aufgehängt und mit Holz-wolle oder Stroh gefüllt werden. Wenn Sie solche Töpfe an einem Pfahl im Gemüsebeet befestigen, sind die Helfer bei Läusegefahr schnell zur Stelle.

Gemüse-Porträts

Eine ausgewogene Abwechslung entspricht nicht nur den Prinzipien des biologischen Anbaus, sie bereichert auch die Küche und verwöhnt den Gaumen. Nutzen Sie das reichhaltige Angebot und probieren Sie aus, was Sie noch nicht kennen. In diesem Kapitel finden Sie einen Überblick bewährter Arten und Sorten.

Entdecken Sie die leckere Vielfalt!

Selbst bei klassischem Gemüse kann man immer wieder auf unbekannte Varianten stoßen. Manche entstanden durch moderne Züchtung, so z. B. schnellwüchsige, zart schmeckende Mini-Sorten. Andere Sorten, wie die hochwüchsigen »Baumtomaten« oder Kartoffeln mit blauer Schale, sind alte, fast vergessene Sorten, auf deren Erhalt sich einige Anbieter spezialisiert haben.

Sorten nach Wunsch

Oft ist die Rede von »Gemüsesorten«, wenn es beispielsweise um Erbse, Möhre oder Paprika geht – doch streng genommen sind das verschiedene Gemüsearten. Bei Sorten dagegen handelt es sich um unterschiedliche Züchtungen derselben Art. Von der Tomate z. B. gibt es unzählige Sorten mit verschiedenen Fruchtformen, -farben und Wuchshöhen. Bei Kopfsalat, Rettich und anderen können

Aussaat- und Erntezeit je nach Sorte gewaltig variieren. Außerdem sind von manchen Gemüsearten Sorten erhältlich, die von bestimmten Krankheiten oder Schädlingen kaum befallen werden. Als resistent eingestufte Sorten sind besonders widerstandsfähig. Sogenannte tolerante Sorten leiden nur selten unter einem Befall und verkraften diesen in der Regel ohne nennenswerte Schäden.

... und noch viel mehr

Die nachfolgende Auswahl muss sich auf die am häufigsten angebauten Gemüsearten beschränken. Doch Sie können ganz nach Lust und Laune Ihr Beet- und Geschmacksrepertoire vergrößern. Manche Bio-Gärtner bauen z. B. gern die robuste, möhrenähnliche Pastinake an, andere schwören auf Topinambur, ein mehrjähriges Gemüse mit schmackhaften, gesunden Knollen.

Lactuca sativa var. *capitata*

Kopfsalat

FAMILIE Korbblütengewächse *(Asteraceae)*
ERNTEZEIT April bis November

Beim Kopfsalat sind Folgesaaten im Abstand von etwa zwei bis vier Wochen zu empfehlen. So können Sie von Frühjahr bis Herbst ständig frischen Salat ernten, im Gewächshaus sogar den Winter über. Achten Sie im Sommer auf schossfeste Sorten: Salate, die nur für Früh- oder Herbstanbau ausgewiesen sind, können im Sommer schnell »schießen«, das heißt, sie bilden vorzeitig Blütenstände und schmecken dann nicht mehr. Auch Trockenheit kann zum »Schießen« führen.

Nahe Verwandte bzw. spezielle Formen des Kopfsalats sind Eis-, Pflück- und Schnittsalat (→ rechts) sowie der etwas festere Bataviasalat und der kräftige Romanasalat mit länglichen Köpfen. Sie werden ähnlich angebaut.

Sorten Gute Saisonsalate sind 'Maikönig' für den Frühanbau, 'Wunder von Stuttgart' für den Sommeranbau und 'Winter Butterkopf' für den Spätanbau. In geschützter Lage ist er winterhart und bis zum Frühjahr zu ernten.

Sorten für Früh-, Sommer- und Herbstanbau: der rotblättrige 'Merveille des Quatres Saisons' und die blattlaus- und mehltauresistenten 'Dynamite', 'Estelle', 'Jiska', 'Osaka', 'Sylvesta'.

Anbau Je nach Sortengruppe zwischen Februar und Juli vorziehen und ab März auspflanzen oder zwischen März und August direkt ins Beet säen. Reihenabstand: 30 cm, bei Direktsaat in der Reihe auf 30 cm vereinzeln oder Saatbänder verwenden. Nicht bei starker Hitze säen; Temperaturen über 20 °C hemmen die Keimung, 10–16 °C sind optimal. Wenn Sie vorgezogene oder gekaufte Pflänzchen verwenden: Setzen Sie diese nicht zu tief, denn das Herz muss über der Bodenoberfläche bleiben und darf nicht mit Erde bedeckt werden. Wechseln Sie bei häufigem Salatanbau regelmäßig den Platz. Kopfsalat keimt und wächst am besten in gelockertem, humosem Boden, der mit gut ausgereiftem Kompost (aber nicht mit Frischkompost oder Mist) versorgt wurde.

Pflege Bei frühem und spätem Anbau mit Vlies oder Folie schützen oder die Kultur ins Frühbeet oder Gewächshaus verlagern. Den Boden gleichmäßig feucht halten. Nicht auf die Köpfe und Herzen gießen. Regelmäßig hacken oder mulchen.

Ernte Nach fünf bis zehn Wochen die Köpfe mit Strunk knapp über dem Boden abschneiden.

☀ Sonne   ◑ Halbschatten   ● Schatten    Schwachzehrer    Mittelzehrer    Starkzehrer

Lactuca sativa var. *capitata*

Eissalat

FAMILIE Korbblütengewächse *(Asteraceae)*
ERNTEZEIT April bis November

Eissalat, auch bekannt als Eisberg- oder Krachsalat, steht für eine besondere Sortengruppe des Kopfsalats mit kräftigen, knackigen, am Rand oft gewellten bis zerfransten Blättern.
Sorten Die meisten angebotenen Sorten sind recht schossfest und eignen sich für den Früh- und Sommer- sowie teils auch für den Spätanbau, z. B. die altbewährte, robuste 'Laibacher Eis' und 'Great Lakes'. Als blattlaus- und mehltauresistent gelten 'Barcelona', 'Bennie' und 'Fortunas'. 'Calmar' ist resistent gegen Falschen Mehltau und Mosaikvirus.
Anbau Zwischen Februar und Juni vorziehen oder zwischen März und Juli direkt ins Beet säen. Ansonsten wie beim Kopfsalat beschrieben.
Pflege Wie Kopfsalat.
Ernte Wie Kopfsalat. Eissalat braucht zur Bildung schöner Köpfe etwa acht bis zwölf Wochen.

Lactuca sativa var. *crispa*

Pflück- und Schnittsalat

FAMILIE Korbblütengewächse *(Asteraceae)*
ERNTEZEIT April bis Oktober

Pflücksalate bilden lockere Köpfe, von denen man nach und nach die Blätter pflückt. Schnittsalate haben flache Blattrosetten, die man ganz abschneidet.
Sorten Mit gekrausten und stark gekrausten Blättern ('Lollo'-Sorten) sowie Eichblattsalate mit gebuchteten Blättern, die oft rotblättrig und teils resistent gegen Läuse und Mehltau sind. Baby-Leaf-Sorten werden früh und zart geerntet.
Anbau Ab Ende März bis Juli/August in Reihen mit 20–35 cm Abstand säen. Auf 15–25 cm Abstand in der Reihe ausdünnen oder Saatbänder verwenden.
Pflege Gleichmäßig feucht halten, besonders im Hochsommer, um dem Schossen vorzubeugen.
Ernte Ab fünf bis sechs Wochen nach der Aussaat fortlaufend die äußeren Blätter pflücken oder die ganze Pflanze abschneiden. Wenn die Herzblätter stehen bleiben, wachsen die meisten Sorten nach.

Brassica-Arten

Asia-Salate

FAMILIE Kreuzblütengewächse *(Brassicaceae)*
ERNTEZEIT Mai bis Oktober

Mit zunehmendem Interesse an der asiatischen Küche haben auch Asia-Salate viele Liebhaber gefunden. Dabei handelt es sich hauptsächlich um schnellwüchsige Kohl-Verwandte, die als frische Salate ebenso munden wie als gedünstete Gemüse, z. B. aus dem Wok.
Sorten Asia-Salate werden als Samenmischungen in verschiedenen Varietäten angeboten, teils auch als Saatbänder. Die häufigsten Vertreter heißen 'Mizuna' (mit geschlitzten Blättern), 'Misome',
'Mibuna' und 'Komatsuna'. Sie haben alle ganzrandige Blätter und schmecken mild kohl- bis kresseähnlich. Die rot überlaufenen Blätter von 'Mustard Red Giant' dagegen haben roh eine senfähnliche Schärfe, die beim Dünsten milder wird.
Anbau Zwischen Ende März und Anfang August in Reihen mit 20–25 cm Abstand direkt ins Beet säen. Oder von März bis Juni vorziehen und dann auspflanzen. Die Samen keimen bei 15–22 °C. Für die Ernte als Salat können die Pflanzen dicht in der Reihe stehen. Für die Nutzung als Gemüse, bei der mehr Blattmasse erwünscht ist, dünnen Sie in der Reihe besser auf 10–20 cm Abstand aus. Nicht vor oder nach anderen Kreuzblütlern anbauen.
Pflege Besonders im Sommer unbedingt auf gleichmäßige Feuchtigkeit achten, andernfalls könnten die Salate unangenehm scharf werden oder sogar »schießen«. Häufig hacken oder mulchen. Bei mehrmaligem Schnitt nach jeder Ernte mit etwas Kompost und Hornmehl versorgen.
Ernte Ab vier bis sieben Wochen nach der Aussaat, bei 10–20 cm Höhe. Schneiden Sie die Blätter etwa 5 cm über dem Herz bzw. über der Basis, sodass die Pflanzen wieder austreiben können. So liefern sie pro Saison bis zu fünf Ernten.

Schmackhaftes **aus Fernost**

Zu den Asia-Salaten zählt man teils auch Gemüse wie Chinakohl (→ Seite 39), ebenso seinen nahen Verwandten Pak Choi, von dem besonders kompakte Sorten angeboten werden. Die Salatchrysantheme gehört zu den Korbblütlern. Ihre gelben Blüten sind ebenso essbar wie die gefiederten, pikant herb schmeckenden Blätter.

Cichorium endivia
Endivie

FAMILIE Korbblütengewächse *(Asteraceae)*
ERNTEZEIT Juni bis November

Der nicht immer beliebte, herbe Geschmack der Endivie lässt sich vermeiden, indem man die inneren Blätter durch Bleichen zart und bitterstoffarm hält oder selbstbleichende Sorten anbaut.
Sorten Man unterscheidet Glatte Endivie (Eskariol) mit ganzrandigen und Krause Endivie (Friseé) mit gefransten Blättern. Von beiden werden schossfeste Sorten für den Sommeranbau angeboten.
Anbau Schossfeste Sorten ab April, andere zwischen Mitte Juni und Anfang August aussäen, mit 30–40 cm Abstand zwischen und in den Reihen.
Pflege Gleichmäßig leicht feucht halten. Bei nicht selbstbleichenden Sorten rund zwei Wochen vor der Ernte die Köpfe zusammenbinden oder mit dunkler Folie abdecken.
Ernte Schossfeste Sorten ab Juni, andere ab August bis November. Köpfe samt Strunk abschneiden.

Cichorium intybus var. *foliosum*
Radicchio

FAMILIE Korbblütengewächse *(Asteraceae)*
ERNTEZEIT August bis November

Der Radicchio mit seinen rötlichen, weiß gerippten Blättern liefert ähnlich gesunde Herbst- und Wintersalate wie die Endivie, schmeckt aber nur leicht bitter und angenehm nussig.
Sorten Bewährte Sorten sind 'Indigo', 'Leonardo' und 'Palla Rossa'. Für wintermilde Regionen gibt es auch Sorten vom Typ 'Roter Veroneser', die erst im Frühjahr geerntet werden.
Anbau Ende Mai bis Anfang Juli mit 30 cm Reihenabstand direkt ins Beet säen, später in der Reihe auf einen Abstand von 25 cm ausdünnen.
Pflege Gleichmäßig leicht feucht halten und regelmäßig hacken oder mulchen. Bei stärkeren Frösten mit einem Vlies abdecken.
Ernte Ab zehn bis zwölf Wochen nach der Aussaat die Köpfchen mit einem kleinen Stück des Strunks knapp über dem Boden abschneiden.

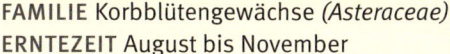

gekühlt einige Tage haltbar   lagerfähig   einfrieren möglich

Beta vulgaris subsp. *cicla*

Mangold

FAMILIE Gänsefußgewächse *(Chenopodiaceae)*
ERNTEZEIT Juni bis Oktober

Mangold ist ein leckeres, gesundes Blatt- und Stielgemüse, das sich den ganzen Sommer über beernten lässt. Von einigen Sorten verwendet man nur die Stiele und die breiten Blattrippen und bereitet sie ähnlich wie Spargel zu, von anderen erntet man die Blätter zum Dünsten. Bei manchen Sorten sind beide Pflanzenteile nutzbar, so etwa bei der buntstieligen 'Bright Lights', die noch dazu sehr attraktiv aussieht. Mangold ist ein naher Verwandter der Roten Bete (→ Seite 46).

Sorten Stielmangold: 'Feurio' (rotstielig), 'Glatter Silber' (weißstielig), 'Vulkan' (rotstielig), 'Walliser' (weißstielig); Blattmangold: 'Grüner Schnitt'; für Stiel- und Blattnutzung: 'Bright Lights' (Stiele in Weiß, Gelb, Orange und Rot), 'Lucullus' (weißstielig), 'Rhubarb Chard' (rotstielig).

Anbau Je nach Sorte zwischen April und Juli direkt ins Beet in Reihen mit 30–40 cm Abstand säen, später in der Reihe auf 30 cm ausdünnen. Sofern das Saatgut nicht besonders aufbereitet wurde, besteht es aus Samenknäueln, aus denen jeweils mehrere Sämlinge wachsen. Lassen Sie beim Ausdünnen nur ein bis zwei kräftige Sämlinge pro Saatstelle stehen. Nicht nach anderen Gänsefußgewächsen wie Rote Bete oder Spinat anbauen.

Pflege Bei Trockenheit gründlich gießen. Häufig hacken oder mulchen. Ein- bis zweimal mit Hornspänen nachdüngen.

Ernte Ab acht bis zwölf Wochen nach der Aussaat. Die Stiele werden von außen nach und nach abgeerntet und dabei unten abgeschnitten. Pflücken Sie die Blätter, solange sie noch jung und zart sind. Wenn Sie die Herzblätter schonen und jeweils nicht mehr als ein Drittel ernten, wächst der Mangold immer wieder üppig nach.

Zweite Ernte im Frühjahr

Wenn Sie Mangold erst gegen Ende Juni, Anfang Juli säen und ihn im Herbst mit etwas Fichtenreisig sowie vor Frostnächten mit Vlies abdecken, kann er den Winter oft überstehen. Dann gibt es im Frühjahr nochmals frischen Mangold zu ernten. Gut eignen sich dafür z. B. die Sorten 'Walliser' und 'Grüner Schnitt'.

 Sonne Halbschatten  Schatten Schwachzehrer Mittelzehrer Starkzehrer

Spinacia oleracea

Spinat

FAMILIE Gänsefußgewächse *(Chenopodiaceae)*
ERNTEZEIT Mai bis März

Dank der schossfesten Sommersorten kann man fast das ganze Jahr über frischen Spinat ernten.
Sorten Mehltautolerante oder -resistente Sorten für das Frühjahr bis zum Frühherbst: 'Lazio', 'Sardinia'; für Frühjahrs- und Herbstanbau: 'Bordeaux' (rotstielig), 'Dolphin', 'Monnopa'; für den Sommeranbau: 'Columbia', 'Emilia'.
Anbau Frühjahrs- und Herbstsorten: Direktsaat von Februar bis April/Mai oder August bis Anfang Oktober (für die Winter- und Frühjahrsernte); Sommersorten: April bis Juli. Reihenabstand 20–30 cm, auf etwa 5 cm in der Reihe ausdünnen.
Pflege Gleichmäßig leicht feucht halten. Besonders ab dem Spätjahr keine zusätzliche Stickstoffdüngung, um hohe Nitratgehalte zu vermeiden.
Ernte Nach vier bis zwölf Wochen die Blätter von außen ernten oder Pflanzen ganz abschneiden.

Valerianella locusta

Feldsalat

FAMILIE Baldriangewächse *(Valerianaceae)*
ERNTEZEIT Juni bis April

Feldsalat bleibt der Favorit unter den Wintersalaten, obwohl er auch im Sommer angebaut werden kann.
Sorten Mehltautolerante Sorten für Herbst- und Winteranbau: 'Elan', 'Juwabel', 'Vit'. Auch für den Sommeranbau geeignet: 'Favor', 'Gala'.
Anbau Schossfeste Sorten ab April bis Mitte September für die Winter- und Frühjahrsernte ins Beet säen, andere ab Ende Juli (unter Glas bis Ende Oktober). Reihenabstand 10–20 cm, in der Reihe auf 5 cm ausdünnen.
Pflege Gleichmäßig leicht feucht halten. Keine zusätzliche Stickstoffdüngung, um hohe Nitratgehalte zu vermeiden. Bei drohenden Frösten mit Folie, Vlies oder Fichtenreisig abdecken.
Ernte Nach vier bis zehn Wochen die Blattrosetten knapp über dem Boden abschneiden. Bei gefrorenen Blättern bis zum Auftauen warten.

Brassica oleracea var. *capitata* f. *alba*

Weißkohl

FAMILIE Kreuzblütengewächse *(Brassicaceae)*
ERNTEZEIT Juni bis November

Die Kohlarten zählen zu den anspruchsvollsten Gemüsen – und gleichzeitig zu den gesündesten. Sie enthalten Vitamine, Mineral- und Ballaststoffe, dazu Senföle, die das Immunsystem stärken, Bakterien hemmen und beim Weißkohl zum deftigen Geschmack beitragen, der für Kohlrouladen und Eintöpfe unverzichtbar ist. Das alles macht den eigenen Anbau lohnenswert. Durch Milchsäuregärung mit Salz lässt sich Weißkohl auch hervorragend zu vitaminreichem Sauerkraut konservieren.

Sorten Frühe Sorten: 'Dithmarscher Früher', 'Marner Allfrüh', 'Minicole'; mittelspäte Sorten, gut für Sauerkrautherstellung: 'Filderkraut' (Spitzkohl), 'Holsteiner Platter', 'Kilaton' (resistent gegen Kohlhernie), 'Wädenswiler'; späte Sorten: 'Bartolo', 'Dottenfelder Dauer', 'Kilaxy' (resistent gegen Kohlhernie), 'Lennox', 'Marner Lagerweiß', 'Türkis'. Mini-Weißkohl-Sorten wie 'Matsumo' und 'Micro' können schon sehr früh und zart geerntet werden.

Anbau Frühsorten ab Februar vorziehen, Spätsorten bis Mai, bei 15–20 °C. Zwischen März und Juni auspflanzen, Frühsorten mit 40 x 40 cm Abstand, mittelspäte und späte Sorten mit 50 x 50 cm bis 60 x 60 cm. Falls nötig, früh gesetzte Pflanzen mit Vlies oder Folie schützen.

Pflege Bei Trockenheit gründlich gießen. Häufig hacken oder mulchen. An der Stängelbasis etwas Erde anhäufeln. Ein- bis zweimal mit Hornspänen nachdüngen oder mehrmals mit Brennnessel- oder Beinwelljauche gießen.

Ernte Frühe Sorten ab etwa Ende Juni, späte bis zu Beginn der ersten stärkeren Herbstfröste. Die Köpfe über dem Strunk abschneiden. Späte Sorten eignen sich auch gut für eine längere Lagerung, z. B. in einem kühlen, feuchten Keller.

Platzwechsel gegen Pilze

Bauen Sie Kohlarten nur alle vier bis fünf Jahre auf derselben Fläche an, um der Pilzkrankheit Kohlhernie vorzubeugen. Diese verursacht kropfartige Wucherungen an den Wurzeln, und die Pflanzen sterben ab. Auch andere Kreuzblütler wie Rettich und Gründüngungspflanzen wie Ölrettich und Senf sind anfällig und sollten nicht vor oder nach Kohl gesät werden.

Brassica oleracea var. *capitata* f. *rubra*
Rotkohl

FAMILIE Kreuzblütengewächse *(Brassicaceae)*
ERNTEZEIT Juni bis November

Unter den Kopfkohlarten erfreut sich der Rotkohl, auch Blaukraut genannt, besonderer Beliebtheit. Kein Wunder: Sein Geschmack ist feiner als bei den anderen Arten, und die Farbe ist appetitlich. Die für die Rotfärbung verantwortlichen Anthocyane stärken die Immunabwehr, schützen die Gefäße und wirken entzündungshemmend.
Sorten Frühe Sorten: 'Amarant', 'Frührot', 'Topas'; mittelfrühe Sorten: 'Cabeza Negra', 'Kalibos' (Spitzrotkohl); späte Sorten: 'Granat', 'Marner Lagerrot', 'Reguma', 'Rodon', 'Rodynda', 'Rona'; für alle Anbautermine: 'Integro', 'Rodeo'.
Anbau Wie Weißkohl, je nach Sortengruppe. Pflanzabstand für Frühsorten 40 x 40 cm, für Spätsorten 50 x 50 cm.
Pflege Wie Weißkohl (→ Seite 34).
Ernte Wie Weißkohl.

Brassica oleracea var. *sabauda*
Wirsing

    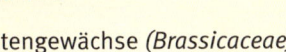

FAMILIE Kreuzblütengewächse *(Brassicaceae)*
ERNTEZEIT Juni bis Februar

Deftig, mild und gut bekömmlich: So ergänzt der Wirsing mit seinen stark gekrausten Blättern die Kopfkohl-Palette. Von ihm gibt es einige frostfeste Spätsorten, die sich über den Winter ernten lassen.
Sorten Frühe Sorten: 'Eisenkopf' und 'Vorbote'; mittelspäte bis späte Sorten: 'Vertus', 'Wirosa' und 'Samantha' (spitze Köpfe). Für die Winterernte eignen sich 'Advent', 'Langendijker', 'Marner Grüfewi'.
Anbau Wie Weißkohl (→ Seite 34), je nach Sortengruppe. Späte Sorten können teils noch im Juli gepflanzt werden. Der Winterwirsing 'Advent' lässt sich in wintermilden Lagen noch im August aussäen. Der Pflanzabstand für die Frühsorten ist 50 x 40 cm, für die Spätsorten 60 x 50 cm.
Pflege Wie Weißkohl; überwinternde Spätsorten vor Frösten etwas abdecken.
Ernte Wie Weißkohl; Wintersorten bis ins Frühjahr.

 gekühlt einige Tage haltbar ▬ lagerfähig ❄ einfrieren möglich

Brassica oleracea var. *botrytis*

Blumenkohl

FAMILIE Kreuzblütengewächse *(Brassicaceae)*
ERNTEZEIT Juni bis November

Blumenkohl aus dem eigenen Garten ist eine köstliche Delikatesse – aber der Weg dahin ist nicht immer einfach. Trockenheit und Hitze können dem edlen Gemüse ebenso zusetzen wie ein unausgewogen mit Nährstoffen versorgter oder verdichteter Boden. Doch bei guter Beetvorbereitung und Pflege dankt er alle Mühe mit seinen schmackhaften »Blumen«, bei denen es sich um fleischig verdickte Blütenstandsanlagen handelt. Zunehmender Beliebtheit erfreut sich der aromatische, vitamin-

reiche Romaneso, eine aus Italien stammende Zuchtform. Seine grüne Blume setzt sich aus turmartigen Röschen zusammen, die an Brokkoli erinnern.

Sorten Frühe Sorten: 'Erfurter Zwerg', 'Neckarperle' (auch für Spätanbau), 'Odysseus', 'Synergy'; späte Sorten: 'White Ball', 'White Rock', 'Veronica' (Romanesco, resistent gegen Kohlhernie), 'Shannon' (Romanesco, auch für Sommeranbau). Für alle Anbautermine, auch über Sommer: 'Clapton' (resistent gegen Kohlhernie), 'Hormade', 'Graffit' (violette Blume), 'Navona' (Romanesco). Achten Sie darauf, dass sich frühe und späte Blumenkohl-Sorten, mit wenigen Ausnahmen, nicht für den Anbau im Sommer eignen.

Anbau Frühsorten ab Februar vorziehen, Spätsorten bis Juni, bei 15–20 °C. Zwischen April und Juni auspflanzen, mit 50 x 50 cm Abstand. Früh gesetzte Pflanzen, wenn nötig, mit Vlies oder Folie schützen. Blumenkohl braucht noch mehr als andere Kohlarten einen gut gelockerten, nährstoffreichen und zudem kalkhaltigen Boden.

Pflege Halten Sie die Erde gleichmäßig feucht und hacken oder mulchen Sie regelmäßig. An der Stängelbasis etwas Erde anhäufeln. Mehrmals nachdüngen, am besten mit organischem Volldünger, und etwas Gesteinsmehl ausstreuen.
Bei Sorten, die die Blume nicht schon von selbst abdecken, knickt man einige der grünen Hüllblätter nach innen um. Das bewahrt die weiße Blume vor dem Vergilben oder gar Verbräunen durch starke Sonnenstrahlung.

Ernte Je nach Saatzeit etwa ab Ende Juni. Ernten Sie, wenn die Köpfe gut entwickelt, aber noch geschlossen sind. Schneiden Sie dazu den Strunk knapp unter den Hüllblättern ab. Gerade während der heißen Sommerzeit sollte man mit der Ernte nicht allzu lange warten.

 Sonne  Halbschatten ● Schatten Schwachzehrer  Mittelzehrer  Starkzehrer

Brassica oleracea var. *italica*

Brokkoli

FAMILIE Kreuzblütengewächse *(Brassicaceae)*
ERNTEZEIT Mai bis Oktober/März

Der ausgesprochen gesunde Brokkoli ist nicht ganz so anspruchsvoll wie der Blumenkohl.
Sorten Frühe Sorten, z. B. 'Green Valiant' (mehltautolerant); Sorten mit »Sommerpause«, z. B. 'Calabrese' (zahlreiche Nebentriebe mit Köpfchen); späte Sorten, z. B. 'Marathon' (mehltautolerant); überwinterungsfähige, recht frostfeste Sorten, z. B. 'Purple Sprouting' (purpurne Köpfchen).
Anbau Anzucht je nach Sorte zwischen Februar und Juli, bei einigen mit Saatpause im April/Mai; Keimung bei 15–20 °C. Pflanzung ab Mitte März mit einem Abstand von 40 x 50 cm.
Pflege Wie Blumenkohl.
Ernte Köpfchen mit kurzem Stielstück ab Mitte Mai bis Herbst, überwinterungsfähige Sorten bis März. Bei Sommerhitze droht rasches Aufblühen, deshalb sollten Sie rechtzeitig ernten.

Brassica oleracea var. *gongylodes*

Kohlrabi

FAMILIE Kreuzblütengewächse *(Brassicaceae)*
ERNTEZEIT Mai bis November

Kohlrabi lässt sich mit seiner kurzen Kulturdauer gut in zeitlich gestaffelten Folgesaaten anbauen.
Sorten Frühe Sorten: 'Azur Star' (blau), 'Blaro' (blau), 'Lanro' (weiß), 'Noriko' und 'Superschmelz' (weiße Riesenknolle); Sommer- und Herbstsorten: 'Blaril' (blau), 'Blusta' (blau), 'Dyna' (weiß).
Anbau Frühe Sorten ab Februar vorziehen, Herbstsorten bis Juli auf Anzuchtbeet oder Direktsaat; Keimung bei 16–20 °C. Gepflanzt wird ab April bis Mitte August im Abstand von 30 x 30 cm.
Bei Frühanbau mit Vlies oder Folie schützen.
Pflege Gleichmäßig feucht halten, um dem Aufplatzen und Verholzen der Knollen vorzubeugen. Häufig hacken oder mulchen.
Ernte Etwa sieben bis zwölf Wochen nach der Aussaat; lieber etwas kleiner als zu groß, damit die Knollen nicht verholzen und zart bleiben.

Brassica oleracea var. *gemmifera*

Rosenkohl

FAMILIE Kreuzblütengewächse *(Brassicaceae)*
ERNTEZEIT September bis Februar

Trotz schmackhafter Konkurrenz wie Spinat, Porree, Grün- und Chinakohl ist Rosenkohl eines der leckersten Herbst- und Wintergemüse. Die vitamin- und mineralstoffreichen Röschen entwickeln sich in den Achseln der Blattstiele.
Sorten Für die Herbst- und Frühwinterernte: 'Groninger', 'Red Ball' (rote Röschen), 'Topline' und 'Wilhelmsburger'; Sorten zum Überwintern: 'Auslese', 'Bosworth' (mehltautolerant), 'Rubine' (rote Röschen), 'Cavalier' (mehltauresistent),

'Cronus' (resistent gegen Kohlhernie), 'Diablo', 'Hilds Ideal', 'Igor', 'Merkator' und 'Roodnerf'.
Anbau Anzucht von März bis April bei 16–20 °C. Geschütztes Auspflanzen unter Folie oder Glas ab April, ansonsten von Mitte Mai bis Anfang Juli; Pflanzabstand 60 x 40 cm bis 60 x 60 cm, je nach Sorte. Die Pflanzen tief setzen. Von April bis Mai kann auch direkt ins Beet gesät werden, die Sämlinge dann später ausdünnen.
Pflege Bei Trockenheit regelmäßig und gründlich gießen, auch im Winter bei frostfreiem Wetter. Regelmäßig hacken oder mulchen. Mehrmals anhäufeln. Im Sommer ein- bis zweimal nachdüngen, mit Hornspänen und Beinwelljauche oder organischem Volldünger. Überwinternde Pflanzen bei stärkeren Frösten mit Vlies abdecken. Im September können Sie die Triebspitze ausbrechen, damit sich die angesetzten Röschen gut entwickeln. Das Entfernen der Triebspitzen kann allerdings die Frosthärte etwas beeinträchtigen.
Ernte Ab September die Röschen von unten nach oben ernten, mehrmals durchpflücken. Am besten schmecken sie nach den ersten leichten Frösten. Drohen längere Frostphasen unter −10 °C, sollten Sie auch die Wintersorten besser bald abernten.

Anhäufeln macht standhaft

Bei vielen Kohlarten (außer Kohlrabi) sowie bei Tomaten, Gurken und Bohnen empfiehlt sich das Anhäufeln. Dazu wird rundum etwas Erde herangezogen und leicht angedrückt, sodass die untersten Zentimeter der Stängelbasis bedeckt sind. Hier bilden die Pflanzen dann zusätzliche Wurzeln, was die Standfestigkeit sowie die Wasser- und Nährstoffaufnahme verbessert.

 Sonne  Halbschatten  Schatten Schwachzehrer Mittelzehrer Starkzehrer

Brassica oleracea var. *sabellica*

Grünkohl

FAMILIE Kreuzblütengewächse *(Brassicaceae)*
ERNTEZEIT Oktober bis Februar

Kaum ein anderes Gemüse verträgt so viel Frost wie der deftige, aromatische Grünkohl, der einen ausgesprochen gesunden Wintergenuss bietet.
Sorten 'Halbhoher grüner Krauser', 'Nero di Toscana' (dunkel blaugrüne Blätter), 'Redbor' (rötlich violett, vergrünt beim Kochen), 'Reflex', 'Westerländer Winter', 'Winterbor'.
Anbau Mitte Mai bis Ende Juni auf einem Saatbeet vorziehen, mit 15 cm Reihenabstand. Zwischen Ende Juni bis Anfang August auspflanzen, mit 40 x 40 cm bis 50 x 50 cm Abstand.
Pflege Wie Rosenkohl. Im September nochmals kalibetont nachdüngen und anhäufeln.
Ernte Ab Ende Oktober fortlaufend junge Blätter von unten nach oben schneiden oder gleich den ganzen Blattschopf schneiden. Grünkohl schmeckt besonders gut nach den ersten Frösten.

Brassica rapa subsp. *pekinensis*

Chinakohl

FAMILIE Kreuzblütengewächse *(Brassicaceae)*
ERNTEZEIT Mai bis November

Der bekömmliche Chinakohl lässt sich in frischen Rohkostsalaten und als schmackhaftes, gedünstetes Gemüse verwenden.
Sorten 'Bilko', 'Janin' (beide widerstandsfähig gegen Kohlhernie), 'Granat'; Frühsorten: 'Kilakin', 'Orient Surprise' (beide widerstandsfähig gegen Kohlhernie), 'Kasumi', 'One Kilo SB'.
Anbau Ende Juni bis Anfang August direkt ins Beet säen, mit 40 cm Reihenabstand, in der Reihe auf 30–40 cm ausdünnen. Schossfeste Frühsorten können Sie ab März bei 18–22 °C vorziehen und ab April auspflanzen.
Pflege Gleichmäßig leicht feucht halten. Startdüngung mit Kompost und Hornspänen genügt.
Ernte Etwa 10 bis 12 Wochen nach der Aussaat gut entwickelte Köpfe komplett abschneiden, im Herbst noch vor den ersten stärkeren Frösten.

Allium cepa

Küchenzwiebel, Schalotte

FAMILIE Amaryllisgewächse *(Amaryllidaceae)*
ERNTEZEIT April bis Oktober

Die altvertraute, sehr scharfe und manchmal tränentreibende Küchenzwiebel mit den hellbraunen Schalen lässt sich durch allerhand Varianten ergänzen. So gibt es auch rotschalige und innen rötlich getönte Zwiebeln, die je nach Sorte scharf schmecken oder ähnlich mild wie die großen Gemüsezwiebeln mit gelber oder roter Schale. Ebenfalls recht mild sind die weißen, meist noch klein geernteten Frühlings- oder Perlzwiebeln. Schalotten (*Allium cepa* var. *ascalonicum*) wach-

sen in dichten Horsten mit vielen Röhrenblättern und bilden pro Pflanze sechs oder mehr Zwiebeln, rundlich bis spindelförmig und mit rötlichen oder hellbraunen Schalen. Sie bestechen mit pikantem, mäßig scharfem, besonders feinem Aroma.

Sorten Bewährte Küchenzwiebeln: 'Bajosta', 'Birnenförmige', 'Sturon', 'Stuttgarter Riesen', 'Zittauer gelbe'; rote Sorten: 'Braunschweiger dunkelrote', 'Red Baron', 'Robelja'; große Gemüsezwiebeln: 'Alisa Craig', 'Exhibition', 'The Kelsae'; weiße Frühlingszwiebeln: 'Elody', 'Weiße Königin'; Winterzwiebeln: 'Electric' (rot), 'Radar', 'Senshyu Yellow', 'Silvermoon' (weiß); Schalotten: 'Ambition', 'Griselle' (Winterschalotte), 'Longor', 'Red Sun' (rot).

Anbau Am einfachsten mit käuflichen Steckzwiebeln und Pflanzschalotten, die von Mitte März bis April gepflanzt werden, als Wintersteckzwiebeln robuster Sorten von September bis Oktober; Reihenabstand 25–30 cm, in der Reihe 5–10 cm, bei Gemüsezwiebeln und Schalotten 15 cm. Stecken Sie die Zwiebeln im Frühjahr so, dass noch das obere Drittel herausragt, die Wintersteckzwiebeln dagegen 5 cm tief. Von Zwiebeln sind auch Samen für die Aussaat ins Beet zwischen Ende Februar und April erhältlich, bei Winterzwiebeln im August. Gesäte Zwiebeln werden meist nicht ganz so groß, lassen sich aber gut lagern.

Pflege Saaten feucht halten, aber sonst nur bei längerer Trockenheit alle paar Tage gießen; drei bis vier Wochen vor der Ernte nicht mehr wässern. Den Boden regelmäßig und vorsichtig lockern. Überwinternde Zwiebeln mit Fichtenreisig oder einer dünnen Laubschicht vor Frösten schützen.

Ernte Wintersteckzwiebeln ab Ende April, weiße Frühlingszwiebeln ab Juni, Schalotten ab Juli. Im Frühjahr gesäte und gepflanzte Zwiebeln ab August, wenn das Laub umknickt und gelb wird.

 Sonne    Halbschatten   Schatten    Schwachzehrer    Mittelzehrer   Starkzehrer

Allium porrum

Porree, Lauch

FAMILIE Amaryllisgewächse *(Amaryllidaceae)*
ERNTEZEIT Juli bis März

Beim Porree oder Lauch kommt es auf lange, weiße und damit zart schmeckende Schäfte an.
Sorten Nach der Erntezeit unterscheidet man Sommerporree (ab Juli, z. B. 'Bavaria'), Herbstporree (ab September, z. B. 'Haldor') und Winterporree (von Herbst bis Frühjahr, z. B. 'Avano').
Anbau Anzucht von Sommersorten ab Februar, Herbstsorten ab Mitte März, Wintersorten von April bis Juni bei 16–20 °C. Ab Anfang April auspflanzen, die Wintersorten bis Mitte August. Der Abstand sollte 30–40 x 20 cm sein. So tief setzen, dass gerade noch der Blattansatz frei bleibt.
Pflege Bei Trockenheit regelmäßig gießen. Mehrmals anhäufeln, damit die Schäfte weiß bleiben. Winterporree vor stärkeren Frösten schützen.
Ernte Mit der Grabegabel den Boden lockern, sodass sich die Stangen gut herausziehen lassen.

Allium sativum

Knoblauch

FAMILIE Amaryllisgewächse *(Amaryllidaceae)*
ERNTEZEIT Juli bis September

Für den würzigen, ungemein gesunden Knoblauch findet sich immer ein Plätzchen, z. B. zwischen den Erdbeeren, die er dann vor Pilzkrankheiten schützt.
Sorten 'Burgenland', 'Messidor', 'Germidour' (rosa gestreift, fein aromatisch) und 'Thermidrome'.
Anbau Möglichst nicht in schweren, feuchten Böden. Am besten Pflanzknoblauch kaufen. Die Zehen im Oktober oder März/April so in den Boden stecken, dass die Spitze etwa 2 cm unter die Oberfläche kommt. Pflanzabstand: 20–25 cm x 15 cm.
Pflege Bei anhaltender Trockenheit, besonders im Frühsommer, alle paar Tage ein wenig gießen. Herbstpflanzungen über Winter mit etwas Fichtenreisig oder Stroh abdecken.
Ernte Wenn die Blätter vergilben und umkippen; bei Herbstpflanzung ab Mitte Juli, bei Frühjahrspflanzung im August oder September.

Raphanus sativus

Rettich

FAMILIE Kreuzblütengewächse *(Brassicaceae)*
ERNTEZEIT April bis Dezember

Rettiche brauchen bis zur Erntereife mindestens doppelt so lang wie Radieschen. Doch dafür liefern sie auch sehr ergiebige, herzhaft schmeckende Rüben mit hohem Gesundheitswert. Und das schon im Frühling für fit machende Salate, später für erfrischende Rohkost im Sommer und schließlich bis in den Winter hinein für Mahlzeiten, die die Abwehrkräfte stärken. Wenn Sie alle paar Wochen Rettiche säen und dafür geeignete Sorten je nach Jahreszeit wählen, ist stets für knackigen Genuss gesorgt.

Sorten Für Frühanbau: 'Hilds roter Neckarruhm', 'Ostergruß rosa 2', 'Zürcher Markt' (weiß); für Früh- und Frühsommeranbau: 'Rex' (weiß); für Sommeranbau: 'Mino Early', 'Minowase Summer Cross' (beide weiß und bis 50 cm lang), 'Neptun', 'Sepp' (beide weiß und tolerant gegen Rettichschwärze); Herbst- und Winterrettiche: 'Hilds Blauer Herbst und Winter' (dunkelviolett), 'Münchner Bier'(weiß), 'Runder schwarzer Winter' (braunschwarz).

Anbau Frühe Rettiche je nach Sorte zwischen Februar (unter Folie oder Glas) und April aussäen; Sommerrettiche zwischen Mai und Juli/August, Herbst- und Winterrettiche zwischen Juni und August, Spätsorten im Gewächshaus teils bis September. Reihenabstand 20–40 cm, in der Reihe auf 15–35 cm ausdünnen. Manche Sorten sind als Saatbänder erhältlich. Wichtig sind lockere, durchlässige Böden. Nur alle drei bis vier Jahre an derselben Stelle anbauen und nicht nach Kohl.

Pflege Bei Trockenheit sehr regelmäßig gießen, um »pelzigem«, fasrigem Rübengewebe vorzubeugen. Zwischen den Reihen öfter, aber vorsichtig hacken. Keine übermäßige Stickstoffdüngung, um hohe Nitratgehalte zu vermeiden.

Ernte Je nach Jahreszeit und Größe 6 bis 16 Wochen nach der Aussaat. Erste Rettiche unter Folie oder Glas ab April, im Freien ab Ende Mai. Sommerrettiche gibt es ab Juni bis Oktober, Herbst- und Winterrettiche von August bis Dezember. Vor dem Herausziehen den umgebenden Boden mit der Grabegabel lockern. Warten Sie vor allem im Sommer nicht allzu lang, damit die Rettiche nicht pelzig werden. Herbst- und Winterrettiche können nach dem Abschneiden der Blätter mehrere Monate lagern, wenn sie im kühlen, luftfeuchten Keller, mit sandiger Erde in aufgeschütteten Mieten oder im Frühbeet eingeschlagen werden.

 Sonne Halbschatten ● Schatten  Schwachzehrer  Mittelzehrer Starkzehrer

Raphanus sativus var. *sativus*

Radieschen

FAMILIE Kreuzblütengewächse *(Brassicaceae)*
ERNTEZEIT März bis Oktober

Bei der kurzen Kulturdauer und dem geringen Platz-
bedarf der Radieschen lohnen sich Folgesaaten in
kurzen Abständen von zwei bis drei Wochen ganz
besonders. Da sie sich in der Mischkultur mit fast
allen Pflanzen außer Gurken vertragen, findet sich
auch immer wieder ein neues Plätzchen. Denn auch
Radieschen sollten wegen der Gefahr der Kohlhernie (→ Seite 34) nicht ständig am selben Fleck
gesät werden. Neben den altvertrauten, kugeligen
und knackig roten Radieschen werden zunehmend

reizvolle Sorten mit anderen Farben und Formen
angeboten; manche von ihnen sind rübenähnlich
und erinnern an kleine Rettiche.
Sorten Soweit nicht anders angegeben, handelt es
sich um runde, rote Radieschen:
Für die ganze Freilandsaison, teils auch für frühen
Treibanbau: 'Albena (weiß)', 'Bamba' (zylindrisch,
rot-weiß), 'Celesta', 'Cyros', 'Eiszapfen' (rübenför-
mig, weiß), 'Flamboyant 2' (zylindrisch, rot-weiß),
'Knacker', 'Lucia' (mehltautolerant), 'Marike', 'Polo-
neza' (rot-weiß), 'Raxe', 'Rondo', 'Rudi', 'Sora',
'Topsi', 'Vienna', 'Viola' (violett), 'Zlata' (gelb).
Für Aussaat ab dem späten Frühjahr: 'Parat',
'Riesenbutter' (sehr groß); speziell für den Treibanbau unter Glas und Folie: 'Saxa 3'.
Anbau Aussaat von Treibsorten ab Januar unter
Glas, ab Februar unter Folie. Die meisten Sorten wachsen von März bis August im Freien; im
Gewächshaus oder Frühbeet teils noch im September. Reihenabstand 15–20 cm, in der Reihe auf
rund 5 cm ausdünnen. Von einigen Sorten werden
praktische Saatbänder mit Samen im Endabstand
angeboten, manchmal auch runde »Pillensamen«
(mit verrottender Hüllmasse) zum leichteren Vertei-
len. Legen Sie die Samen nur rund 1 cm tief, dann
entwickeln sich die Knollen schön gleichmäßig.
Pflege Gleichmäßig feucht halten und Boden
regelmäßig lockern; das ist schon bei Sämlingen
sehr wichtig, um dem Befall mit Erdflöhen vorzubeugen, später dann, um das Pelzigwerden
oder Aufplatzen der Knollen zu vermeiden. Keine
übermäßige Stickstoffdüngung, sonst könnte sich
gesundheitsschädliches Nitrat ansammeln.
Ernte Zwischen vier und acht Wochen nach der
Aussaat. Immer die dicksten Radieschen zuerst
herausziehen und besonders im Sommer lieber
etwas früher, bevor sie pelzig werden.

Daucus carota

Möhre

FAMILIE Doldenblütengewächse *(Apiaceae)*
ERNTEZEIT Mai bis Oktober

Bei dem Begriff Wurzelgemüse denken viele zuerst an knackige Möhren, die in manchen Regionen auch einfach als Wurzeln bekannt sind, in anderen als Gelbe Rüben oder Rübli. Nicht zu vergessen ist die Bezeichnung Karotte, die streng genommen nur für rundliche Rüben steht. Ihre typische orangerote Farbe verdanken die Rüben dem hohen Gehalt an Beta-Carotin, der Vorstufe des Vitamin A. Dazu kommen viele Mineral- und Ballaststoffe, weshalb Möhren als ausgesprochen gesundes Gemüse gel-

ten – erst recht, wenn sie im eigenen Garten biologisch angebaut wurden.

Sorten Wie bei vielen anderen Gemüsearten gibt es auch bei Möhren frühe und späte Sorten. Diese unterscheiden sich hier vor allem nach der Kulturdauer: Frühe Sorten brauchen rund 12 Wochen, mittelfrühe und mittelspäte 15 bis 20 Wochen, späte 20 bis 26 Wochen von der Saat bis zur Ernte. Späte Sorten eignen sich meist gut zum Lagern. Frühe Sorten: 'Almaro', 'Amsterdamer', 'Gonsenheimer Treib', 'Pariser Markt' (rundlich), 'Purple Haze' (tiefviolett), 'Sugarsnax'; früh bis mittelfrüh: 'Fine', 'Resistafly', 'Nantaise 2'-Sorten (z. B. 'Fanal', 'Marktgärtner', 'Milan'); mittelfrüh bis mittelspät: 'Flyaway', 'Ingot', 'Juwarot', 'Nutri Red', 'Rotin'; spät: 'Cubic', 'Robila', 'Rodelika', 'Rote Riesen 2'.
Die Sorten 'Flyaway', 'Ingot' und 'Resistafly' sind widerstandsfähig gegen die Möhrenfliege.

Anbau Frühe Sorten ab Februar unter Vlies oder Folie säen, mittelfrühe und späte ab März. Späte Möhren können wegen ihrer langen Entwicklungsdauer meist nur bis Mai gesät werden, andere bis Juni oder Juli. Reihenabstand 25–35 cm, in der Reihe auf 4–8 cm ausdünnen. Teils auch als Saatbänder erhältlich. Geben Sie einige Radieschensamen als Markiersaat in die Saatrillen, da Möhren erst nach drei bis vier Wochen keimen.

Pflege Gleichmäßig feucht halten, damit die Rüben nicht aufplatzen. Häufig hacken oder mulchen und regelmäßig jäten, besonders in den ersten Wochen. Etwas Erde über den Rübenköpfen anhäufeln, um dem Vergrünen vorzubeugen.

Ernte Frühe Sorten ab Mai, mittelfrühe ab Juli, späte erst im Oktober. Vor dem Herausziehen den Boden vorsichtig mit der Grabegabel lockern. Späte Lagermöhren können an einem kühlen Platz in leicht feuchtem Sand eingeschlagen werden.

 Sonne  Halbschatten ● Schatten  Schwachzehrer Mittelzehrer Starkzehrer

Apium graveolens var. *rapaceum*

Knollensellerie

FAMILIE Doldenblütengewächse *(Apiaceae)*
ERNTEZEIT September bis November

Knollensellerie ist der »Klassiker« für würzige Suppen, Eintöpfe und Gemüse-Terrinen, lässt sich aber auch braten, frittieren, gratinieren, pürieren und roh geraspelt in Salaten genießen. Mit ihrem hohen Gehalt an ätherischen Ölen, Vitaminen, Mineral- und Ballaststoffen fördert die runzlige Knolle Gesundheit und Wohlbefinden.

Sellerie ist eine zweijährige Pflanze, die im ersten Jahr heranwächst, mit ihren Speicherknollen überwintert und im folgenden Sommer Blütendolden hervorbringt. Ist die Temperatur bei der Anzucht zu niedrig, wird sie schon im ersten Jahr zur Blüte angeregt. Folglich beginnt sie zu schießen, sodass die Knollen ihren guten Geschmack verlieren.

Sorten 'Bergers weiße Kugel', 'Brilliant', 'Mars', 'Prinz', 'Wiener Riesen' (alle recht widerstandsfähig gegen Septoria-Blattfleckenkrankheit).

Anbau Anzucht Ende Februar bis April, bei 18 bis 22 °C; die Samen höchstens hauchdünn abdecken. Die Sämlinge ein- bis zweimal pikieren, dann bei 14–18 °C halten. Ab Mitte Mai auspflanzen, mit 40 x 40 cm Abstand. Setzen Sie die Pflanzen nicht zu tief, sodass das Herz mit den Triebknospen über der Bodenoberfläche bleibt.

Pflege Bei Trockenheit regelmäßig und gründlich gießen. Häufig hacken oder mulchen. Mehrmals mit Hornspänen und Beinwelljauche oder organischem Volldünger nachdüngen.

Ernte Gegen Ende Oktober/Anfang November vor den ersten stärkeren Frösten. Vor dem Herausziehen der Knollen den umgebenden Boden mit der Grabegabel lockern. Die Wurzeln und Blätter gleich einkürzen bzw. entfernen. Die Knollen lassen sich an einem kühlen, feuchten Platz oder eingeschlagen in angefeuchtetem Sand lagern.

Immer wieder **umziehen**

Doldenblütengewächse wie Knollensellerie und Möhren können von bestimmten Pilzkrankheiten befallen werden, die lange im Boden überdauern, ebenso von im Boden lebenden Nematoden (Älchen). Bauen Sie sie deshalb frühestens wieder nach vier Jahren an derselben Stelle an und auch nicht nach anderen Doldenblütlern.

 gekühlt einige Tage haltbar   lagerfähig   einfrieren möglich

Beta vulgaris subsp. *vulgaris* var. *vulgaris*

Rote Bete, Rote Rübe

FAMILIE Gänsefußgewächse *(Chenopodiaceae)*
ERNTEZEIT Juli bis November

Oft wird diese Knolle als »Rote Beete« geschrieben – ihren Namen hat sie aber nicht deshalb erhalten, weil sie die Beete rot färbt. Rote Bete leitet sich vom botanischen Namen »Beta« ab, der nichts anderes bedeutet als »Rübe«. Manchem ist sie auch als Rande bekannt. Egal wie man sie nennt: Die Rüben können beim Zubereiten mit ihrem tiefroten Farbstoff Hände und Kleider kräftig verfärben, ebenso zeitweise Harn und Stuhl, wenn man viel davon isst. Das ist aber vollkommen ungefährlich und muss einen nicht vom Genuss der sehr gesunden, mineralstoff- und vitaminreichen, meist runden Rüben abhalten. Und wer sich mit dem Rot gar nicht anfreunden mag, kann auf weiß- oder gelbfleischige Sorten zurückgreifen.

Ähnlich wie Knollensellerie schießt die zweijährige Rote Bete manchmal schon im ersten Jahr, wenn sie zu früh gesät wird.

Sorten Rot und rund: ‘Ägyptische Plattrunde’, ‘Detroit 2/Bolivar’, ‘Robuschka’, ‘Rote Kugel 2’; rot und länglich: ‘Crapaudine’, ‘Forono’, ‘Molonga’, ‘Rocket’; Spezialitäten (rund): ‘Chioggia’ (rotschalig, rot-weißes Fleisch), ‘Albina Vereduna’ (weißschalig und -fleischig), ‘Burpee’s Golden’ (orange Schale, gelbes Fleisch). Sogenannte »Baby Beets« werden schon zeitig und klein geerntet und schmecken sehr zart. Hierfür eignen sich besonders Sorten wie ‘Kestrel’, ‘Monalisa’, ‘Moulin Rouge’ und ‘Pablo’.

Anbau Zwischen Mitte April und Anfang Juli direkt ins Beet säen, mit 25–30 cm Reihenabstand, in der Reihe auf 5–10 cm vereinzeln. Das Saatgut besteht in der Regel aus Samenknäueln, aus denen jeweils mehrere Sämlinge wachsen. Von manchen Sorten wird aber monogermes (einkeimiges) Saatgut angeboten, das Sie ohne späteres Ausdünnen gleich im richtigen Abstand säen können.

Pflege Gleichmäßig leicht feucht halten. Regelmäßig, aber vorsichtig hacken, um die Rüben nicht zu beschädigen, oder mulchen. Keine übermäßige Stickstoffdüngung, um hohe Nitratgehalte zu vermeiden. Nicht nach anderen Gänsefußgewächsen (Mangold, Spinat) anbauen.

Ernte Ab etwa zwölf Wochen nach der Ernte, zarte »Baby Beets« schon etwas früher, ab 5 cm Durchmesser. Spät gesäte Rüben zum Einlagern in feuchtem Sand können Sie noch im Herbst vor den ersten stärkeren Frösten ernten.

 Sonne  Halbschatten  Schatten  Schwachzehrer  Mittelzehrer Starkzehrer

Solanum tuberosum

Kartoffel

FAMILIE Nachtschattengewächse *(Solanaceae)*
ERNTEZEIT Juni bis September

Wenn man nicht gerade über einen kühlen, luftfeuchten Lagerkeller verfügt, bieten sich für den Anbau vor allem Frühkartoffeln an: Sie eignen sich gut für den baldigen Verzehr und räumen schon zeitig das Beet, sodass noch Spätgemüse gepflanzt werden kann. In raueren Lagen ist es sicherer, mittelfrühe oder späte Sorten anzubauen. Biogärtnereien und spezialisierte Versender bieten viele alte, ungewöhnliche und besonders leckere Sorten an. Achten Sie bei der Sortenwahl auch auf den geeigneten Kochtyp: Festkochende Sorten eignen sich z. B. für Kartoffelsalat und Bratkartoffeln, vorwiegend festkochende für Aufläufe und Pellkartoffeln, mehlige für Pürree, Suppen und Kartoffelpuffer.

Sorten Eine kleine Auswahl: sehr früh: 'Christa', 'Finka' (nematodenresistent), 'Rosara' (rotschalig, gelbes Fleisch); früh: 'Agila', 'Karlena', 'Marabel' (nematodenresistent), 'Princess' (widerstandsfähig gegen Krautfäule), 'Sieglinde'; mittelfrüh: 'Agria', 'Blaue Schweden' (blauschalig, blauviolettes Fleisch), 'Bintje' (widerstandsfähig gegen Krautfäule), 'Linda'; spät: 'Highland Burgundy Red' (rotschalig und -fleischig), 'Jelly' (nematodenresistent), 'Remarka' (widerstandsfähig gegen Krankheiten).

Anbau Um Viruskrankheiten vorzubeugen, besser nicht selbst vermehren, sondern virusfreie Pflanzkartoffeln kaufen. Nur alle drei bis vier Jahre auf derselben Fläche anbauen und nicht nach oder neben Tomaten. Vor dem Pflanzen Kompost mit Hornspänen oder im Spätwinter Mist einarbeiten. Frühkartoffeln ab April pflanzen und bei Kälte mit Folie oder Vlies abdecken, mittelfrühe und späte ab Mai bis Mitte Juni; Abstand 60–70 x 30–40 cm, 5–8 cm tief. Wenn Sie Frühkartoffeln vier Wochen vor dem Pflanzen in Kisten vorkeimen (hell bei 12–15 °C), können Sie rund 14 Tage früher ernten.

Pflege Bei Trockenheit alle paar Tage gießen. Regelmäßig hacken. Ab etwa 15 cm Wuchshöhe mehrmals anhäufeln, sodass schließlich kleine Dämme entstehen. Die Knollen dürfen oben nicht vergrünen, da alle grünen Teile der Kartoffel, auch die Blätter, giftig sind! Während der Wachstumszeit mehrmals mit Beinwelljauche gießen.

Ernte Frühkartoffeln ab Anfang Juni bis Mitte Juli, wenn die Blätter noch grün sind; mittelfrühe Sorten im August, Spätsorten zum Einlagern, sobald das Laub zu welken beginnt.

Lycopersicon esculentum

Tomate

FAMILIE Nachtschattengewächse *(Solanaceae)*
ERNTEZEIT Juli bis Oktober

Saftig, köstlich, aromatisch und sehr gesund: Kein Wunder, dass Tomaten schon lange die wahren »Stars« im Gemüsebeet sind. Zunehmend werden heute wieder alte, zwischendurch fast vergessene Sorten angeboten, oft mit ungewöhnlichen Formen und Farben und besonders gutem Geschmack.
Sorten Die gewaltige Sortenfülle lässt sich nach Wuchsformen und Fruchtgröße unterteilen:
❯ Stabtomaten: 120–180 cm hoch, wenig verzweigt, mit großen Früchten; z. B. 'Auriga', 'Black Plum' (rotbraun, pflaumenförmig), 'Diplom', 'Flavance', 'Goldene Königin' (gelb), 'Hellfrucht', 'Maranello', 'Matina', 'Quadro' (eiförmige Früchte), 'Sportivo', 'Tigerella' (rotgelb gestreift). Widerstandsfähig gegen Kraut- und Braunfäule: 'Fantasio', 'Maestria', 'Phantasia' und 'Vitella'.
❯ Fleischtomaten: Wuchs wie Stabtomaten, mit gerippten, oft sehr großen Früchten; z. B. 'Berner Rose', 'Corazon', 'Delizia', 'Luxor', 'Marmande', 'Matias', 'Ochsenherz', 'Ruby Gold' (gelbrot gestreift) und 'St. Pierre'. Widerstandsfähig gegen Kraut- und Braunfäule: 'Myrto', 'Previa' und 'Pyros'.
❯ Cocktail-, Kirsch- oder Cherrytomaten: Wuchs meist wie Stabtomaten, mit kleinen, oft süßlichen Früchten in langen Trauben; z. B. 'Black Cherry' (dunkelviolett), 'Dolcevita', 'Orangino' (orange), 'Rubin Pearl', 'Sweet Million'. Widerstandsfähig gegen Kraut- und Braunfäule: 'Philovita', 'Primabella'.

 Sonne  Halbschatten Schatten Schwachzehrer Mittelzehrer Starkzehrer

GROSS UND SAFTIG Fleischtomaten haben oft üppige Früchte mit wenig Kernen und sind je nach Sorte sehr saftig oder eher fest und fleischig.

KLEIN UND KÖSTLICH Rispentomaten (rechts oben) bieten ein feines Aroma. Die gelben Johannisbeertomaten (unten) sind ideal zum Naschen.

> Rispen-, Tross- oder Strauchtomaten: Meist wie Cocktailtomaten, mit etwas größeren Früchten, zur Ernte ganzer Fruchtstände, z. B. 'Bolzano' (gelborange), 'Durinta', 'Serrat' und 'Tomaccio'.
> Busch- oder Balkontomaten: 30–60 cm hoch, buschig verzweigt, mittelgroße bis kleine Früchte, z. B. 'Balkonstar', 'Ida Gold' (gelborange), 'Incas' (eiförmig), 'Ovalino', 'Patio', 'Rotkäppchen'
> Hängetomaten: mit langen, überhängenden Trieben, für Kästen und Ampeln geeignet, meist kleine Früchte, z. B. 'Pendulina Red', 'Tumbler', 'Tumbling Tom Red' und 'Tumbling Tom Yellow' (gelb).
> Kletter- und Baumtomaten: sehr hochwüchsige Stabtomaten; z. B. 'De Berao' (über 3 m hohe Baumtomate, eiförmige Früchte), 'Himmelsstürmer' (bis 5 m hoch, länglich).
> Johannisbeer- und Wildtomaten: vieltriebig, meist starkwüchsig, Früchte klein, sehr zahlreich und süßlich, z. B. 'Golden Currant' (gelb), 'Humboldtii' (lachsfarben) und 'Rote Murmel'. Kletter- und Wildtomaten gelten als wenig anfällig für Kraut- und Braunfäule.

Anbau Nur alle drei bis vier Jahre an derselben Stelle anbauen und nicht nach oder neben Kartoffeln und Paprika. Zwischen Ende Februar und Anfang April vorziehen, bei 18–24 °C. Nach dem Pikieren die Sämlinge bei etwa 18 °C aufstellen. Ab Mitte Mai auspflanzen, im Gewächshaus ab Mitte April. Abstand je nach Wuchshöhe 40 x 60 cm bis 60 x 80 cm; tief einpflanzen, bis zum untersten Blattansatz. Bei Stabtomaten gleich nach dem Pflanzen den Stützstab in den Boden stecken und die Pflänzchen locker anbinden.

Pflege Bei Trockenheit regelmäßig und kräftig gießen (möglichst nicht über die Blätter), besser noch mulchen. Mehrmals anhäufeln. Alle zwei bis drei Wochen sollten Sie mit organischem Tomatendünger oder Brennnessel- und Beinwelljauche nachdüngen. Bei Stabtomaten immer wieder die Jungtriebe in den Blattachseln ausbrechen (ausgeizen) und nach der Entwicklung von fünf bis sechs Fruchtständen die Spitze des Haupttriebs wegschneiden. Bei Buschtomaten ist das nicht nötig. Leider gefährdet oft die Kraut- und Braunfäule (Pilzkrankheit) die Ernte. Vorbeugend hilft das Trockenhalten der Blätter, z. B. durch ein provisorisches Foliendach bei Dauerregen.

Ernte Ab Juli können Sie die voll ausgefärbten Früchte fortlaufend pflücken. Im Spätherbst können die noch nicht ausgereiften Tomaten an einem warmen, trockenen und dunklen Platz nachreifen. Vorsicht, grüne Früchte enthalten ebenso wie alle grünen Bestandteile der Tomatenpflanze schwach giftige Alkaloide!

Veredelte Tomaten

Der Gartenfachhandel bietet veredelte Jungpflanzen von Tomaten, Paprika und Gurken an. Solche Pflanzen wurden auf robuste Unterlagen gepfropft. Sie wachsen kräftig, tragen gut und sind recht widerstandsfähig gegen Kälte und bodenbürtige Krankheiten. Gegen die gefürchtete Kraut- und Braunfäule hilft das allerdings nicht.

Capsicum annuum
Paprika

FAMILIE Nachtschattengewächse *(Solanaceae)*
ERNTEZEIT Juli bis November

Der typische, saftige und sehr Vitamin-C-reiche Gemüsepaprika hat große, blockförmige »Schoten«, bei denen es sich botanisch eigentlich um Beeren handelt. Immer größerer Beliebtheit erfreut sich zudem der in Südeuropa und in der Türkei oft angebaute Spitzpaprika. Er sieht wie eine große Variante des Gewürzpaprika aus, schmeckt aber mild und hat oft eine süßliche Note. Die meist schmalen, spitzkegeligen Früchte des Gewürzpaprika oder Peperoni dagegen bieten eine pikante Schärfe; dazu gehören auch Chilis, Jalapeños und Serranos. Zuweilen werden auch Samen von besonders scharfen Formen angeboten, z. B. Tabasco-Chili (*Capsicum frutescens*) und Habaneros (*Capsicum chinense*). Diese Exoten sind aber noch kälteempfindlicher als andere Paprika und liefern meist nur im Gewächshaus eine gute Ernte.

Sorten Gemüsepaprika, blockförmig: 'Bendingo' (rot reifend), 'Goldflame' (gelb), 'Szegediner' (gut für grüne Ernte geeignet), 'Yolo Wonder' (rot); Spitzpaprika: 'Ferenc Tender' (reift über Gelb nach Rot); 'Dulce Italiano' (rot, süß), 'Pantos' (rot). Gewürzpaprika: 'Jalastar' (rot, Jalapeño), 'Kekova' (rot, milde Schärfe), 'Starflame' (gelb).

Anbau Nur alle drei bis vier Jahre an derselben Stelle anbauen und nicht nach oder neben Tomaten und Kartoffeln. Am besten gelingt der Anbau im Folientunnel oder Gewächshaus. Von manchen Sorten sind robuste, veredelte Jungpflanzen erhältlich (→ Seite 49). Zwischen Ende Februar und März vorziehen, bei 20–26 °C; ein- bis zweimal pikieren, danach bei 18–20 °C halten. Ab Mitte/Ende Mai auspflanzen, im Gewächshaus ab Mitte April, im Folientunnel ab Anfang Mai. Abstand je nach Wuchshöhe 40 x 40 cm bis 60 x 60 cm. Die Pflanzen etwas tiefer setzen, als sie im Topf standen.

Pflege Gleichmäßig feucht halten. Nach dem Pflanzen anhäufeln. Häufig hacken oder mulchen. Hohe, großfrüchtige Sorten mit Stäben stützen. Mehrmals in niedriger Dosierung nachdüngen.

Ernte Gemüsepaprika ab Juli, wenn sich die Früchte schon fest anfühlen. Viele schmecken bereits grün, werden aber zarter und süßer, wenn man sie bei mildem Wetter oder unter Glas richtig ausfärben lässt, wenn nötig bis zum Spätherbst. Gewürzpaprika muss in der Regel die sortentypische Färbung annehmen, sonst schmeckt er sehr bitter.

 Sonne Halbschatten   Schatten  Schwachzehrer Mittelzehrer   Starkzehrer

Cucumis sativus

Gurke

FAMILIE Kürbisgewächse *(Cucurbitaceae)*
ERNTEZEIT Juni bis Oktober

Gurken haben recht hohe Ansprüche und brauchen vor allem viel Wärme. Aber die Mühe lohnt sich für die saftigen Früchte, die man einlegen oder in erfrischenden Salate gleich genießen kann. Viele moderne Sorten sind bitterstoffarm oder -frei. Rein weibliche (parthenokarpe) Züchtungen gelten meist als besonders ertragssicher, da sie nicht befruchtet werden müssen.

Sorten Nach Fruchtgröße und Verwendung werden folgende Gruppen unterschieden:

❯ Einlege- oder Traubengurken, die bei 6–15 cm Länge geerntet werden, z. B. 'Amber', 'Conny', 'Diamant', 'Stimora', 'Vorgebirgstrauben'.
❯ Freiland-Salatgurken oder Landgurken mit 20–40 cm langen Früchten, z. B. 'Marketmore 76', 'Sprint', 'Tanja'; auch als Mini- und Midi-Gurken (10–20 cm), z. B. 'Iznik', 'Ministars', 'Printo'.
❯ Senf- oder Schälgurken mit dicken, rund 40 cm langen Früchten, z. B. 'Fatum' und 'Kampino'.
❯ Salat- oder Schlangengurken mit 40–50 cm langen Früchten, hauptsächlich fürs Gewächshaus: z. B. 'Cordoba', 'Euphya', 'Dominica' und 'Helena'.
Anbau Nur alle drei bis vier Jahre an derselben Stelle anbauen. Teils sind robuste, veredelte Jungpflanzen erhältlich (→ Tipp, Seite 49).
Sonst Anzucht aus Samen für das Gewächshaus ab März, fürs Freiland von April bis Anfang Mai, bei 22–25 °C; in Töpfen mit je zwei bis drei Samen, dann die schwächsten Sämlinge entfernen. Sowohl unter Glas als auch draußen von Mitte Mai bis Anfang Juni auspflanzen.
Im Freien am besten auf dunklem Mulchvlies oder -folie anbauen (in Schlitze setzen). Werden die Gurken am Boden gezogen, mit 120–150 x 40 cm Abstand pflanzen. Zum Hochziehen an Gittern, Stäben oder Schnüren mit 100 x 30 cm Abstand setzen.
Pflege Gleichmäßig feucht halten, mit lauwarmem Wasser gießen. Bei Anbau ohne Mulchvlies Boden lockern oder mulchen. Alle zwei bis drei Wochen mit organischem Tomatendünger oder Brennnessel- und Beinwelljauche nachdüngen. Im Gewächshaus gut lüften. Aufrecht gezogene Gurken anhäufeln. Bei Schlangengurken bis 60 cm Höhe Fruchtansätze und Seitentriebe entfernen, ab rund 200 cm Höhe den Haupttrieb kappen.
Ernte Ab zwei Wochen nach Blühbeginn. Häufig durchpflücken und nicht zu groß werden lassen.

Cucurbita pepo
Zucchini

FAMILIE Kürbisgewächse *(Cucurbitaceae)*
ERNTEZEIT Juli bis Oktober

Im Italienischen heißt der Kürbis »Zucca«, und davon lassen sich die Zucchini als »kleine Kürbisse« ableiten. Tatsächlich sind Zucchini nichts anderes als eine spezielle Formengruppe der Sommerkürbisse. Neben Zucchini mit den typischen gurkenähnlichen Früchten werden auch rundfrüchtige »Rondini« angeboten, die sich besonders gut zum Füllen, etwa mit Schafskäse, eignen.
Sorten 'Black Beauty' (dunkelgrüne Früchte), 'Black Forest' (durch kletternden Wuchs platzspa-rend), 'Cocozelle von Tripolis', 'Defender' (resistent gegen Mosaikvirus), 'Dundoo', 'Mirza' (mehltau-tolerant, resistent gegen Mosaik- und Gelbflecken-virus), 'Gold Rush' (gelbe Früchte), 'Zuboda'; mit runden Früchten: 'Eight Ball' (dunkelgrün), 'Floridor' (gelb), 'Tonda chiaro di Nizza' (hellgrün).
Anbau Nur alle drei bis vier Jahre an derselben Stelle anbauen. Zwischen April und Anfang Mai bei 18–24 °C vorziehen, in Töpfen mit je zwei bis drei Samen, die schwächsten Sämlinge entfernen. Ab Mitte Mai auspflanzen, mit 80 x 80 cm Abstand. Oder zwischen Mitte Mai und Juni direkt ins Beet säen. Hierbei können Sie alle 80 cm zwei bis drei Samen auslegen und später wie bei der Topfsaat die schwächeren Pflänzchen herausziehen.
Pflege Bei Trockenheit regelmäßig und kräftig gießen. Am besten mulchen oder auf dunklem Mulch-vlies anbauen. Alle zwei bis drei Wochen mit mäßig dosiertem organischem Tomatendünger oder Brennnessel- und Beinwelljauche nachdüngen.
Ernte Fortlaufend von Juli bis Oktober, bei etwa 15–20 cm Länge, als zarte Mini-Zucchini schon ab 8 cm. Schneiden Sie die Früchte mit einem kurzen Stielstück ab. Auch die Blüten sind essbar und können angedünstet oder ausgebacken werden.

Vorsicht, **Zucchini-Schwemme!**

Wenn nicht gerade ein dauernasser Sommer den Erntespaß beeinträchtigt, bringen die Pflanzen ständig neue Früchte hervor, wobei regelmäßiges Pflücken den weiteren Ansatz fördert. Meist genügen deshalb schon zwei Pflanzen. Wappnen Sie sich mit vielen leckeren Rezepten, damit der Zucchini-Genuss nicht langweilig wird.

Sonne   Halbschatten   Schatten   Schwachzehrer    Mittelzehrer     Starkzehrer

Cucurbita-Arten
Speisekürbis

FAMILIE Kürbisgewächse *(Cucurbitaceae)*
ERNTEZEIT Juli bis November

Mit leckeren, vielfältig geformten Kürbisfrüchten warten drei Arten auf: der buschig wachsende oder schwach rankende Gartenkürbis (*Cucurbita pepo*), zu dem auch die Zucchini gehören, der Riesenkürbis (*C. maxima*) und der Moschuskürbis (*C. moschata*), beide meist stark rankend. Besonders gesund sind Kürbisse mit orangem Fruchtfleisch, das auf einen hohen Carotingehalt hinweist.
Sorten Die gewaltige Sortenfülle lässt sich unterteilen in Sommerkürbisse, die man ab Sommer unreif erntet und frisch verwendet, und Winterkürbisse, die man im Herbst ausgereift erntet und etliche Wochen lagern kann (bei 10–15 °C).

> Sommerkürbisse sind meist Sorten des Gartenkürbisses. Hierzu zählen die tellerförmigen Patissons (öfter auch Squash genannt), die keulenförmigen, gekrümmten Crooknecks sowie Delicata-Kürbisse mit zylindrischen, stark gerippten süßlichen Früchten. Teils auch als Winterkürbisse nutzbar sind die ovalen mittelgroßen Spaghettikürbisse, deren Fruchtfleisch beim Kochen in Fäden auffasert, sowie essbare Zierkürbisse in interessanten Formen.

> Winterkürbisse, die vom Gartenkürbis abstammen, sind die ballonartigen, meist orangeroten Halloween-Kürbisse (Pumpkins), die grün-gelb gestreiften Ölkürbisse und die kleinen, eichelförmigen Acorns. Ansonsten sind Winterkürbisse meist Sorten des Riesenkürbisses: nämlich die großen orangeroten oder gelben Speisekürbisse, die oft zwiebelartig geformten Hubbards sowie die kleineren, rundlichen Hokkaidos, Kabocha und Buttercups, außerdem die halbkugeligen, wulstigen Turbankürbisse. Leckere Winterkürbisse mit leichtem Muskataroma liefert der Moschuskürbis, vom recht großen, flachrunden, braunen 'Muscat de Provence' bis zu den birnen- oder glockenförmigen, beigen oder orangen Butternuts (Melonensquash).
Anbau Wie Zucchini (→ Seite 52). Buschig wachsende Sorten mit 80–100 cm Abstand, rankende je nach Wuchsstärke mit 150–250 cm Abstand.
Pflege Wie Zucchini (→ Seite 52). Stark wachsende Ranken einkürzen, bei großfrüchtigen Winterkürbissen den Haupttrieb entspitzen, nachdem sie drei bis vier Früchte angesetzt haben.
Ernte Sommerkürbisse fortlaufend von Juli bis Oktober; Winterkürbisse voll ausgereift und ausgefärbt, ab September bis Frostbeginn.

 gekühlt einige Tage haltbar   ▦ lagerfähig   ❄ einfrieren möglich

Pisum sativum

Erbse

FAMILIE Schmetterlingsblütler *(Fabaceae)*
ERNTEZEIT Juni bis September

Erbsen bieten wie alle Hülsenfrüchte einen ausgesprochen gesunden kulinarischen Genuss: mit hochwertigem Eiweiß, vielen Mineralstoffen und wichtigen Vitaminen. Die Rankpflanzen vertragen mehr Kälte als Stangen- und Buschbohnen, sodass Sie schon ab Juni die Erntekörbe füllen können. Die meisten heute angebotenen Sorten bleiben unter 100 cm Höhe. Manche wachsen sogar eher buschig, sodass sie kaum eine Stütze benötigen und nur wenig Platz beanspruchen.

Sorten Bei den Erbsen unterscheidet man drei Sortengruppen, in denen es jeweils frühe, mittelfrühe und späte Sorten gibt:

> Schal- oder Palerbsen mit glatten, etwas mehligen Körnern, die man sehr früh und unreif erntet oder aber zum Konservieren als Trockenerbsen ausreifen lässt, z. B. 'Allerfrüheste Mai' (sehr früh), 'Frühe Harzerin' (sehr früh), 'Germana' (mittelfrüh) und 'Kleine Rheinländerin' (früh).

> Markerbsen mit runzligen, süß schmeckenden Körnern, die man unreif und zart erntet, z. B. 'Markana' (mittelspät, mehltautolerant), 'Sublima' (mittelfrüh, resistent gegen mehrere Krankheiten), 'Vitara' (Anbau von Frühjahr bis Sommer, tolerant gegen Echten Mehltau und Fusarium-Welke).

> Zuckererbsen, von denen man die jung und zart geernteten Hülsen mitsamt den zuckerhaltigen kleinen Körnern essen kann; z. B. 'Ambrosia' (mittelfrüh), 'Delikata' (mittelspät, resistent gegen Mehltau und Fusarium), 'Norli' (früh, resistent gegen Fusarium), 'Zuccola' (Anbau von Frühjahr bis Sommer, tolerant gegen Mehltau und Fusarium).

Anbau Nur alle vier Jahre an derselben Stelle anbauen. Direkt ins Beet säen, 3–5 cm tief: Schalerbsen ab Mitte März, frühe Mark- und Zuckererbsen ab Ende März, späte Sorten bis Anfang Juli. Reihenabstand 30–40 cm, in der Reihe 4–5 cm. Sorten, die eine Stütze brauchen, auch in Doppelreihen, mit 20 cm Zwischenraum für gemeinsame Rankhilfen (Maschendrahtgerüst, Ranknetz oder gut verzweigte Äste als Stützreisig).

Pflege Gleichmäßig feucht halten und bei einer Höhe von 10–20 cm mit Erde anhäufeln.

Ernte Je nach Sorte zwischen Juni und September: Junge, zarte Hülsen immer wieder durchpflücken. Zuckererbsen schon mit sehr kleinen Körnern. Schalerbsen, wenn nötig, ganz ausreifen lassen.

  Sonne  Halbschatten ● Schatten  Schwachzehrer  Mittelzehrer Starkzehrer

Sorten 'Dreifach Weiße' (weiße Körner), 'Hangdown Grünkernig', 'Perla (grün)', 'Piccola' (kleine, grüne Körner, tolerant gegen Brennflecken) und 'Witkiem' (frühe Weißkeimige).

Anbau Nur alle drei bis vier Jahre an derselben Stelle anbauen. Zwischen Ende Februar und Anfang Mai direkt ins Beet säen, rund 5 cm tief mit einem Reihenabstand von 40–50 cm. In der Reihe alle 25–30 cm jeweils drei bis vier Samen auslegen. Eine frühe Aussaat beugt dem oft starken Blattlausbefall vor. Außerdem können Sie dann hinterher noch Spätgemüse auf derselben Fläche anbauen.

Pflege Den Boden gleichmäßig leicht feucht halten. Regelmäßig hacken und den Fuß der Pflanze mehrmals mit Erde anhäufeln. Haben sie die Endhöhe erreicht und bereits reichlich Früchte angesetzt, können Sie die Spitze kappen, damit die Hülsen besser abreifen.

Ernte Je nach Saatzeit zwischen Anfang Juni und August. Sie können geerntet werden, wenn die Hülsen noch grün, aber schon ausgewachsen, und die Körner sortentypisch gefärbt sind. Die Körner sollten noch etwas weich sein. Vorsicht, in rohem Zustand sind Hülsen und Körner der Puffbohne schwach giftig!

Vicia faba
Puffbohne, Dicke Bohne

FAMILIE Schmetterlingsblütler *(Fabaceae)*
ERNTEZEIT Juni bis August

Diese Hülsenfrucht ist auch unter den Namen Acker-, Pferde- und Saubohne bekannt. Besonders die beiden letzten Bezeichnungen haben ihr nicht gerade den besten Ruf verschafft. Doch ihre als Gemüse angebauten Sorten bieten große, leckere Körner und werden auch von Feinschmeckern und besonders in der mediterranen Küche sehr geschätzt. Puffbohnen sind trotz der ähnlichen Nutzung nur entfernt mit Stangen- und Buschbohnen verwandt und wesentlich robuster.

Nützliche **Lebensgemeinschaft**

Hülsenfrüchte gehören zu den Schmetterlingsblütlern, die in einer »Zweckgemeinschaft« mit Knöllchenbakterien leben. Die Bakterien an den Wurzeln bekommen von der Pflanze Kohlenhydrate und liefern dafür wichtigen Stickstoff, den sie aus der Luft binden. Vermeiden Sie hohe Stickstoffgaben und sauren Boden. Das schadet den Bakterien.

Phaseolus vulgaris var. *nanus*

Buschbohne

FAMILIE Schmetterlingsblütler *(Fabaceae)*
ERNTEZEIT Juli bis September

Da Buschbohnen nur 30–50 cm hoch wachsen, tragen die einzelnen Pflanzen bei Weitem nicht so reich wie Stangenbohnen. Sie beanspruchen aber auch weniger Platz und Nährstoffe. Zudem kommen sie ohne Stützen aus. Neben Sorten mit grünen Hülsen gibt es mehrere gelbfrüchtige, sogenannte Wachsbohnen, sowie manche mit violetten Hülsen, die beim Kochen grün werden.
Meist erntet und genießt man die Hülsen mitsamt den noch unreifen Körnern oder sogar als zarte

Filetbohnen, in denen sich noch kaum Samen entwickelt haben. Neuere Sorten bilden kaum noch fasrige Fäden an den Hülsennähten, sofern sie ausreichend feucht gehalten werden. Eine geringe Rolle spielen die Fäden allerdings bei Trockenbohnen, von denen die voll ausgereiften Körner geerntet werden. Diese färben sich je nach Sorte z. B. weiß, gelb, rot, braun oder schwarz und lassen sich in verschlossenen Behältnissen an einem kühlen, trockenen Ort lange Zeit aufbewahren.
Sorten 'Admires', 'Helios' (gelb), 'Maja', 'Maxi' 'Purple Teepee' (violett), 'Saxa', 'Valdor' (gelb). Gut als Filetbohnen geeignet: 'Caruso', 'Cupidon', 'Delinel', 'Flevoro' und 'Negra'.
Als Trockenbohnen geeignet: 'Borlotto Rosso' (Hülsen und Körner rot gesprenkelt), 'Canadian Wonder' (dunkelrote Kidney-Körner, z. B. für Chili) und 'Gute Gelbgraue'. Die meisten dieser Sorten sind sehr robust, manche auch resistent gegen häufige Bohnenkrankheiten, z. B. Mosaikvirus und Brennfleckenkrankheit.
Anbau Nur alle drei bis vier Jahre an derselben Stelle anbauen. Zwischen Mitte Mai und Anfang Juli direkt ins Beet säen, alle 30–40 cm je vier bis sechs Samen; nur 2–3 cm tief auslegen und mit Erde abdecken. Oder: vorziehen ab Mitte April bei 18–24 °C und ab Mitte Mai mit 40 x 10 cm Abstand auspflanzen – bis Ende Juli oder Mitte August.
Pflege Bei Trockenheit regelmäßig gießen, besonders während Blüte und Fruchtansatz. Häufig hacken oder mulchen. Die jungen Pflanzen bei 15–20 cm Höhe anhäufeln.
Ernte Filetbohnen bereits ab der 6. Woche nach der Aussaat. Sonst ab Ende Juli bis September immer wieder durchpflücken. Zur Trockenbohnenernte die Hülsen im Herbst ausreifen lassen. Vorsicht, rohe Hülsen und Körner sind giftig!

 Sonne  Halbschatten Schatten  Schwachzehrer Mittelzehrer Starkzehrer

Phaseolus vulgaris var. *vulgaris*

Stangenbohne

FAMILIE Schmetterlingsblütler *(Fabaceae)*
ERNTEZEIT August bis Oktober

Als stattliche Schlingpflanzen können Stangenbohnen 2–3 m hoch klettern, wobei sie sich in Links-
richtung um ihre Stützen winden. Dasselbe gilt für
die noch stärker wachsende, robustere Feuerbohne
(*Phaseolus coccineus*), die sich mit auffälligen
roten oder weißen Blüten schmückt. Auch von ihr
gibt es Sorten mit lecker schmeckenden Hülsen,
die wie die meisten Züchtungen der Stangenbohne
fadenlos sind. Während man von Stangenbohnen
üblicherweise nur Hülsen mit unreifen Körnern ern-

tet, lassen sich ausgereifte Samen der Feuerbohne
als Trockenbohnen nutzen und lagern. Die Stangenbohne ist der kälteempfindlichste Hülsenfrüchtler
und gedeiht deshalb besonders gut im Gewächshaus, nicht nur in rauen Lagen.
Sorten 'Algarve', 'Blauhilde' (blauviolette Hülsen),
'Cobra', 'Eva', 'Goldmarie' (gelb), 'Markant, 'Neckar-
königin', 'Neckargold' (gelb), 'Perle von Marbach',
'Rakker', 'Tamara', 'Toplong' und 'Trebona'.
Die meisten dieser Sorten sind recht widerstands-
fähig, teils auch resistent gegen verbreitete Virus-
krankheiten, manche zudem gegen Brennflecken.
Die Reifezeit variiert ein wenig je nach Sorte.
Anbau Nur alle drei bis vier Jahre an derselben
Stelle anbauen. Zwischen Mitte Mai und spätestens
Ende Juni direkt ins Beet säen. Oder im April bei
18–24 °C vorziehen und ab Mitte Mai auspflanzen.
Vor dem Säen oder Pflanzen hohe Stangen ein-
schlagen, ein zeltartiges Stangengerüst oder einen
Rahmen errichten, an dem Drähte oder kräftige
Schnüre zum Hochschlingen angebracht werden
können. Am besten werden alle 60 cm um eine
Stange bzw. Stütze herum jeweils sechs bis acht
Körner gesät (2–3 cm tief). Ordnen Sie die Stüt-
zen also gleich im entsprechenden Abstand an.
Bei mehrreihigem Anbau empfiehlt sich 100 cm
Abstand zwischen den Reihen.
Pflege Grundsätzlich wie bei der Buschbohne
(→ Seite 56). Stangenbohnen sind allerdings Mit-
telzehrer, sollten also zum Start ausreichend mit
Kompost und Hornspänen versorgt werden und
zum Blühbeginn organischen Volldünger erhalten.
Ernte Ab Ende Juli/Anfang August bis Anfang
Oktober fortlaufend die jungen Hülsen pflücken.
Die Körner und Hülsen aller Bohnen enthalten
Giftstoffe, die erst beim Kochen zerstört werden –
deshalb nie roh verzehren!

	Jan.	Feb.	März	April	Mai
Asia-Salate			A	A	A
Blumenkohl		V	V, P	V, P	V, P
Bohne, Busch-				V	V, A, P
Bohne, Stangen-				V	V, A, P
Bohne, Puff-, Dicke		A	A	A	A
Brokkoli		V	V, P	V, P	V, P
Chinakohl			V	V, A, P	V, A, P
Eissalat		V	V, A, P	V, A, P	V, A, P
Endivie				A	A
Erbse			A	A	A
Feldsalat				A	A
Grünkohl					V, A
Gurke			V	V	V, P
Kartoffel				P	P
Knoblauch			P	P	
Kohlrabi		V	V, A	V, A, P	V, A, P
Kopfsalat		V	V, A, P	V, A, P	V, A, P
Kürbis				V	A, V, P
Mangold				A	A
Möhre		A	A	A	A
Paprika		V	V		P
Pflücksalat			A	A	A
Porree		V	V	V, P	V, P
Radicchio					A
Radieschen		A	A	A	A
Rettich		A	A	A	A
Rosenkohl			V	V, A	A, P
Rote Bete				A	A
Rotkohl		V	V, P	V, P	V, P
Schnittsalat			A	A	A
Sellerie, Knollen-		V	V	V	P
Spinat		A	A	A	A
Tomate		V	V	V	P
Weißkohl		V	V, P	V, P	V, P
Wirsing		V	V, P	V, P	V, P
Zucchini				V	A, V, P
Zwiebel		A	A, P	A, P	

V = Vorziehen   A = Aussaat ins Beet   P = Pflanzen

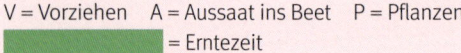 = Erntezeit

Juni	Juli	Aug.	Sept.	Okt.	Nov.	Dez.
A	A	A				
V, P						
V, A, P	A, P	P				
V, A, P	P					
V, P	V, P	P				
A, P	A, P	A, P				
V, A, P	A, P	A, P				
A	A	A				
A	A					
A	A	A	A			
V, A, P	V, A, P	P				
P						
P						
				P		
V, A, P	V, A, P	P				
V, A, P	V, A, P	A, P	P			
A, P						
A	A					
A	A					
P						
A	A	A				
V, P	P	P				
A	A					
A	A	A	A			
A	A	A				
P	P					
A	A					
P						
A	A	A				
P	P					
A	A	A	A	A		
P						
P						
P	P					
A, P						
		A	P	P		

Die **halbfett** gesetzten Seitenzahlen verweisen auf Abbildungen.

Literatur

> Grabner, M., Watschong, L.: Quickfinder Biogarten. Gräfe und Unzer Verlag, München

> Hensel, W., Jany, C., Kluth, S., Mayer, J., Späth, M.: Das große GU PraxisHandbuch Garten. Gräfe und Unzer Verlag, München

> Hudak, R.: Obst & Gemüse. Gräfe und Unzer Verlag, München

> Mayer, J., Neubauer, K.: Unser Nutzgarten. Stiftung Warentest, Berlin

Wichtige **Hinweise**

> Tragen Sie beim Umgang mit Pflanzen Handschuhe, um Haut-irritationen und -verfärbungen zu vermeiden.

> Bewahren Sie alle Gartengeräte so auf, dass sich niemand daran verletzen kann. Nach Gebrauch immer sofort wegräumen!

> Wenn Sie sich bei der Arbeit mit Pflanzen und Erde verletzen, sollten Sie umgehend einen Arzt aufsuchen. Eventuell ist eine Imp-fung gegen Tetanus erforderlich.

> Bewahren Sie Pflanzenschutz-mittel und Dünger (auch Bio-Produkte) für Kinder und Haustiere unerreichbar auf. Halten Sie bei der Anwendung Kinder fern.

Bezugsquellen

Bio-Saatgut

> Bingenheimer Saatgut AG
Ökologische Saaten
Kronstraße 24
61209 Echzell-Bingenheim
www.bingenheimersaatgut.de

> Biogartenladen.de
Jana Rotsch
Göhlsdorfer Straße 45
14550 Groß Kreutz
www.biogartenladen.de
Auch breites Angebot an nützlichem Zubehör

> Bioland Hof Jeebel
Biogartenversand OHG
Jeebel 17
29410 Salzwedel OT Jeebel
www.biogartenversand.de
Großes Sortiment, auch an Pflanzkartoffeln, Steckzwiebeln, viel nützliches Zubehör

> Bio-Saatgut Gaby Krautkrämer
Eulengasse 2
55288 Armsheim
www.bio-saatgut.de
Auch viele Raritäten

> Biosaatgut.net
Karsten Goerig
Kastanienallee 26
14471 Potsdam
www.biosaatgut.net
Auch praktisches Zubehör

> De.Bolster Deutschland
Andrea Fischer
94166 Stubenberg
www.biosaatgut.eu

> Dreschflegel GbR
Postfach 1213
37202 Witzenhausen
www.dreschflegel-shop.de
Viele alte Sorten und Raritäten

> Magic Garden Seeds
Andreas Fái-Pozsár
Regerstraße 3
93053 Regensburg
www.magicgardenseeds.de
Viele alte Sorten und Raritäten

> Tartuffli Naturwaren e. K.
Ammerseestraße 1a
86940 Schwifting
www.erlesene-kartoffeln.de
Neben Samen auch großes Pflanzkartoffelangebot

Nützlingshilfen und Nistkästen

> Schwegler Vogel- und Naturschutzprodukte GmbH
Heinkelstraße 35
73614 Schorndorf
www.schwegler-natur.de

> prime factory GmbH & Co. KG
Abteilung Schneckenprofi
Itzehoer Straße 10
25581 Hennstedt
www.schneckenprofi.de
Auch Saatgut und weiteres Zubehör

Bodenproben

> VDLUFA – Verband Deutscher Landwirtschaftlicher Untersuchungs- und Forschungsanstalten e. V.
c/o LUFA Speyer
Obere Langgasse 40
67346 Speyer
www.vdlufa.de